Hans Kuhn

Ulmer Eisenbahngeschichte 1835 bis 1945

Hans Kuhn

Ulmer Eisenbahngeschichte

1835 bis 1945

Armin Vaas Verlag

1983
© Armin Vaas Verlag, Langenau - Ulm
Reproduktion: Rasper + Pächter OHG, Neu-Ulm
Druck: G.J. Manz AG, Dillingen
Bindung: Spiegel Buch GmbH, Ulm

ISBN 3-88360-039-3

Inhalt

Geleitwort   Seite 7
Vorwort   Seite 9

Historischer Überblick, Schiene und Eisenbahn   Seite 10
Friedrich List als Wegbereiter des Eisenbahngedankens   Seite 12
Eine Pferdeeisenbahn für Württemberg?   Seite 13
Das Königreich Württemberg befaßt sich mit dem Bau einer Eisenbahn   Seite 14
Gründung der Ulmer Eisenbahngesellschaft   Seite 16
Erster Planungsauftrag der Staatsregierung   Seite 17
Für und Wider bei der Entscheidung der Stadt über die Lage des Bahnhofs   Seite 20
Bau der Bahnhofsanlage   Seite 24
Die Bahnlinie von Cannstatt nach Ulm   Seite 28
Die Bahnlinie Friedrichshafen–Ulm (Südbahn)   Seite 30
Die Anbindung Ulms an das bayerische Streckennetz   Seite 34
Vergebliche Versuche der Bahnhofsverlegung   Seite 37
Die Donaubahn von Ulm nach Sigmaringen   Seite 40
Bauperiode 1867–1881   Seite 42
Die Brenzbahn von Aalen nach Ulm   Seite 47
Bauperiode 1888–1891   Seite 50
Unter- oder Überführung am Mohrenkopf?   Seite 54
Initiativen der Stadt zur Umgestaltung des Bahnhofs   Seite 58
Bau eines Rangierbahnhofs für Ulm   Seite 62
Industriegleise der Stadt Ulm   Seite 80
Reparatur- und Lokomotivwerkstätte   Seite 81
Im Ersten Weltkrieg   Seite 83
Elektrifizierung   Seite 87
Die Eisenbahn im Zweiten Weltkrieg   Seite 95

Bahnhofsmission   Seite 107
Bahnhofsvorsteher von 1850–1945   Seite 109
Zeittafel   Seite 111
Literatur und Quellen   Seite 119

Geleitwort

In den durch wechselvolle politische und wirtschaftliche Ereignisse geprägten letzten einhundertfünfzig Jahren Ulmer Stadtgeschichte hat der Eisenbahnbau für die Entwicklung der Stadt eine entscheidende Rolle gespielt. Die Ulmer Eisenbahngeschichte ist daher zugleich ein Stück Stadtgeschichte.

Als erste in Württemberg waren es gerade die Ulmer Bürger, die sich für den Eisenbahnbau stark machten. Ulm sollte dank seiner günstigen Lage am Schnittpunkt wichtiger Handelswege seine frühere Bedeutung als blühendes Wirtschaftszentrum und freie Reichsstadt wieder erlangen.

Manches hat sich in den vergangenen einhundertfünfzig Jahren verändert, doch soll dankend anerkannt werden, welch entscheidenden Beitrag die Bahn für den Aufbau einer leistungsfähigen Industrie und die Ansiedlung bedeutender Unternehmen im Ulmer Stadtgebiet beigetragen hat.

Einhundertzehn Jahre Ulmer Eisenbahngeschichte von 1835 bis 1945 werden erstmals ausführlich und übersichtlich dokumentiert und zeigen chronologisch, welche Schwierigkeiten technischer, administrativer, politischer und wirtschaftlicher Art zu überwinden waren.

(Dr. Ulf Häusler)
Bundesbahnpräsident

(Dr. Hans Lorenser)
Oberbürgermeister der Stadt Ulm

Vorwort

Die Geschichte der Ulmer Eisenbahn ist mit der Entwicklung der Stadt Ulm eng verknüpft. Ob Festungs- oder Brückenbau, ob Straßenführung oder Stadtentwicklung, immer mußte auf die Interessen der Eisenbahnverwaltung Rücksicht genommen werden.

Gab der Bahnbau zwar vielerorts entscheidende Impulse und leistete er auch einen bedeutenden Beitrag zur Entwicklung der Städte und Gemeinden, so hatte Ulm mit der von seinen Bürgern von Anfang an gewollten Bahn selbstverschuldet eine Fülle von Problemen. Mag die damalige Standortwahl des Ulmer Bahnhofs mitentscheidend für die nachfolgenden Schwierigkeiten gewesen sein, die Ursachen lagen im Fehlen eines Generalbebauungsplanes für die weitere Stadtentwicklung in der damaligen Zeit.

Ob eine Entscheidung für die Bahnhofsanlage im Gewann „Im Boden" am Fuße des Michelsberges oder die im nachhinein vorgeschlagene Verlegung an die Blaubeurer Straße die Stadtentwicklung wesentlich beeinflußt hätten, steht heute nicht mehr zur Diskussion.

Als Verfasser dieser Abhandlung habe ich mir die Aufgabe gestellt, die historischen Ereignisse chronologisch zusammenzufassen. Für Eisenbahner und Eisenbahnfreunde soll es ein Handbuch der Ulmer Eisenbahngeschichte sein.

Ohne Unterstützung von Einzelpersonen und Archiven wäre dieser Band nicht zustandegekommen. Sehr herzlich danke ich den Herren Wolfgang Adler vom Stadtarchiv Ulm, Heinz Kohler, Othmar Johner, Franz Merz, Karl Schmid, meinen Kollegen Hartmut Frey und Dieter Kampke, und nicht zuletzt Frau Setzensack für ihre Unterstützung, Beratung und Überlassung von Schrift- und Bildmaterial.

Gewidmet ist dieses Buch meinem Freund, dem Eisenbahner und Bevollmächtigten der Gewerkschaft der Eisenbahner Deutschlands (von 1956 bis 1980),
Sebastian Setzensack,
dessen allzu früher Tod unser Vorhaben der gemeinsamen Veröffentlichung der Ulmer Eisenbahngeschichte verhindert hat.

Ulm, im November 1982
Hans Kuhn

Historischer Überblick

Schiene und Eisenbahn

Schiene und Eisenbahn haben, soweit wir die letztere sinngemäß als „eiserne Bahn" ansprechen, erst im Laufe des 18. Jahrhunderts begonnen, sich zu einem einheitlichen Begriff zu verschmelzen. Die Fortbewegung von Fahrzeugen auf Schienen reicht jedoch bis ins Altertum zurück. Anzeichen dafür fand man in den Alpen der Dauphiné, wo man bei Wegeausbesserungen im felsigen Boden einer alten Römerstraße auf Geleisspuren stieß, die deutlich das Werk von Menschenhand verrieten. Sie weisen, wie eine ganze Reihe bekannter Wagen des Altertums, die Spurweite von 1,44 m (heute 1,435 m) auf: Ein Beweis, daß man Schienen schon damals zur Erleichterung und Sicherung von Transporten verwendete.

Ähnliche in der Gesteinsdecke verlaufende Wagengeleise fand man dann auch in Griechenland auf der Strecke von Athen zum Hafen Piräus, weitere zwischen Sparta und Helos und in der Umgebung von Syrakus. Es waren stets eingleisige Bahnen, die jedoch, wie aus den bei Ausgrabungsarbeiten gleichfalls freigelegten, in bestimmten Abständen auftretenden Ausweichkurven hervorging, zum Verkehr in beiden Richtungen dienten.

Weitere Vorläufer der heutigen Eisenbahnen fanden sich später im deutschen Bergbau, der sich vom 16. Jahrhundert an unter dem Einfluß einer systematischen Hüttenkunde und des aufstrebenden Maschinenbaus kräftig zu entwickeln begann. Wie auch noch heute verwendete man zum Transport der Kohle und Erze kleine Wagen – „Hunde" genannt –, die auf hölzernen Schienen fortbewegt wurden. Die erste Kunde darüber gab Sebastian Müller in seiner 1544 erschienenen „Cosmographie". Wenige Jahre später befaßte sich auch Georg Agricola in einem umfangreichen Werk mit dem Bergbau und der Anlage solcher Geleise, die dadurch auch außerhalb Deutschlands bekannt wurden und Nachahmung fanden. Agricola gab auch Aufklärung darüber, warum man die kleinen Wagen „Hunde" nannte. Er erklärte es damit, daß die Radnägel beim Fahren über die hölzerne Bahn ein Geräusch erzeugten, das an das Bellen eines Hundes erinnert.

Im Jahr 1630 fanden die Holzschienen auch in englischen Gruben Eingang und faßten damit auf einem Boden Fuß, der später im Eisenbahnbau zu klassischer Bedeutung kommen sollte. Bis weit über die Eröffnung der ersten mit Dampf betriebenen Strecke hinaus nahmen in der Folgezeit fast alle den Schienentransport betreffenden Verbesserungen von hier ihren Ausgang.

1767 goß Richard Reynolds im Eisenwerk Coalbrookdale die ersten gußeisernen Schienen. Um diese Zeit tauchten auch bereits Modelle von Transportwagen auf, die auch außerhalb der Bergwerksdistrikte Verwendung finden sollten.
Schiene und Eisenbahn begannen zu einem einheitlichen Begriff zu verschmelzen.
1789 versah W. Jessop die Wagenräder mit Spurkränzen. Vierzehn Jahre später untersuchte er auf einer Mine bei Newcastle die Verwendbarkeit schmiedeeiserner Schienen.
1820 stellte John Birkenshaw im Bedlington-Eisenwerk bei Durham die ersten gewalzten Schienen her.
Auf dem nun beschrittenen Weg gab es keinen Stillstand mehr, wenn auch die Zeiträume, die zwischen den einzelnen Verbesserungen lagen, für unsere heutigen Begriffe unendlich lang waren.
Als die Menschheit schließlich um die Mitte des 18. Jahrhunderts lernte, neben der Wärme des Feuers auch dessen Kraft zu nutzen, und James Watt 1769 die Dampfmaschine erfunden hatte und für die Technik das goldene Zeitalter anbrach, setzte auch die Ära des modernen Verkehrs ein. Es dauerte jedoch noch manches Jahrzehnt, bis die schon damals vereinzelt auftauchenden Gedanken, Fahrzeuge statt durch tierische Kraft mittels des expandierenden Dampfes fortzubewegen, verwirklicht werden konnten. Ursprünglich dachte man dabei weniger an eine Schienenbahn als an einen auf der bloßen Straßendecke fortbewegten Dampfwagen. Alle diesbezüglichen Versuche scheiterten an dem schlechten Zustand der damaligen Landstraßen.
Grund genug, warum sich das Interesse der Konstrukteure nunmehr um so beharrlicher dem Schienenweg zuwandte. Die meisten von ihnen hielten es freilich nicht für möglich, daß ein Dampfwagen imstande sein sollte, sich über die glatten Schienen zu bewegen. Es fanden sich daher in den Entwürfen immer wieder Zahnschienen, auf denen sich die „Locomotive" mittels gezahnter Räder fortbewegen sollte. Eine Ausnahme machte die Lokomotive des Ingenieurs Richard Trevithick, die 1804 auf einer Strecke in Wales zu Versuchen eingesetzt wurde. Sie hatte im Prinzip bereits die Gestalt der später gebauten Maschinen.

Erste Eisenbahnen

Seitdem im Jahr 1825 die erste für den allgemeinen Verkehr bestimmte Eisenbahn in England eröffnet wurde, hat sich der Ausbau der Eisenbahnen zu einer der wichtigsten und großartigsten Erfindungen des 19. Jahrhunderts entwickelt.
Der Engländer George Stephenson hatte im Jahr 1829 die zweite Eisenbahnlinie Liverpool–Manchester erbaut, die mit Stephensons berühmter Dampflokomotive „Rocket" befahren wurde. Damit war des Erfinders Ruhm begründet und eine neue Ära in der Kulturgeschichte eingeleitet. Fortan leitete Stephenson den Bau der bedeutendsten Eisenbahnlinien Englands, und aus seiner 1824 errichteten Maschinenfabrik gingen für jede neu entstehende Eisenbahn nicht nur in England, sondern auch in Amerika und auf dem europäischen Festland die Lokomotiven hervor, so auch die erste deutsche Lokomotive „Adler", die erstmals am 7. Dezember 1835 zwischen Nürnberg und Fürth fuhr.
Nach umständlicher Reise zu Schiff und mit Wagen kam die Lokomotive mit ihrem künftigen Führer Wilson glücklich in Nürnberg an. Dieser erste und kleinste Dampf-

wagen Deutschlands leistete nur 20 PS und wog mit Wasser und Kohlen etwas über sechs Tonnen. Der Jubel des zusammengeströmten Volkes bei der Eröffnung der Nürnberger Ludwigs-Eisenbahn war groß. In Frack und Zylinder stand der Lokomotiv-Führer Wilson auf seinem Stand und brachte in neun Minuten 200 Fahrgäste von Nürnberg nach Fürth.

Das „Stuttgarter Morgenblatt" berichtete am 8. Dezember 1835 über die Reaktion der Augenzeugen auf die erste Eisenbahnfahrt in Deutschland: „Ja, es möchte wohl keiner, der nicht völlig phantasielos ist, ganz ruhigen Gemütes und ohne Staunen beim ersten Anblick des wunderwürdigen Phänomens geblieben sein." Ein erhebendes Gefühl menschlicher Erfindungs- und Geisteskraft sei bei Tausenden von Menschen bewirkt worden, „die kaum ahnen, welche Kenntnisse, Erfahrungen, Genie und Glück zusammenwirken mußten, um solche Maschinen zu ersinnen und zu konstruieren". Die Menschen empfänden das Ganze als „ein Wunder, an das sie glauben, weil sie es sahen", begeisterte sich die Stuttgarter Zeitung.

Der Anfang war gemacht. Zwei Stimmen aus jener Zeit mögen hier für viele stehen. Als Johannes Scharrer zur Gründung der Ludwigs-Eisenbahn in Nürnberg aufrief, schrieb er die prophetischen Worte: „Die Erfindung der Eisenbahn mit Dampfkraft ist für den materiellen Verkehr der Staaten und für die Verbindung der Völker von einer ebenso unberechenbaren Wichtigkeit wie die Erfindung der Buchdruckerkunst für ihren geistigen Verkehr."

Und noch erstaunlicher ist jener Passus in einem Brief, den Johann Wolfgang von Goethe schon 1828 an Eckermann schrieb: „Mir ist nicht bange, daß Deutschland nicht eins werde; unsere guten Chausseen und künftigen Eisenbahnen werden schon das ihrige tun."

Friedrich List als Wegbereiter des Eisenbahngedankens

Viel langsamer als anderwärts war man in Württemberg mit dem Bau der ersten Eisenbahn, zumal sich die neue Erfindung auch in den anderen Landesteilen Deutschlands nur unter heftigsten Kämpfen durchgesetzt hatte. Was für das kohlenreiche England taugt, so wurde damals behauptet, eignet sich am wenigsten für das bucklige und arme Württemberg. Landauf, landab waren die Ansichten über den Bau von Eisenbahnen geteilt, zumal das ganze Vorhaben als ein „gefährlicher Schwindel" bezeichnet wurde. Selbst Preußens Minister verbot rundweg jeden Versuch, Eisenbahnen zu bauen.

Der Mann jedoch, der sich ein unsterbliches Verdienst um die Einführung der Eisenbahnen erworben hat, war der Reutlinger Friedrich List. Er erkannte die weltweiten Möglichkeiten eines einheitlichen Eisenbahnnetzes, als andere noch an kleine Städteverbindungen mit nur örtlicher Bedeutung dachten. Er sah im Eisenbahnbau wie in dem von ihm propagierten Zollverein die Grundlagen für eine glänzende gewerbliche Entwicklung und die politische Einigung Deutschlands.

Die Eisenbahn lernte List in Amerika kennen, wohin der junge Tübinger Professor für Staatspraxis seiner liberalen Anschauung wegen auswandern mußte. Die württembergische Regierung hatte den Gründer des „Deutschen Handels- und Gewerbevereins" zuvor zu Festungshaft verurteilt, die er auch zum Teil auf dem Hohenasperg abbüßte.

In die ersten Jahre seines Aufenthalts in Amerika fallen auch die Anfänge jener Korrespondenz mit dem damaligen Oberstbergrat Dr. med. Josef Ritter von Baader, in der sich List über die Vorzüge der Eisenbahn vor den Kanälen und über die nationalpädagogische Funktion eines umfassenden Eisenbahnwesens in Deutschland ausläßt. Er schreibt unter anderem:

> „Mitten in der Wildnis der Blauen Berge träumte mir von einem deutschen Eisenbahnsystem; es war mir klar, daß nur durch ein solches die Handelsvereinigung in volle Wirklichkeit treten könne. Diese Ideen machten mich mitten im Glück unglücklich. Die finanzielle und nationalökonomische Wirksamkeit mußte für Deutschland um so größer sein, je vollkommener vorher die Transportmittel im Verhältnis zu der Kultur, Größe und Industrie der Nation waren."

Diese Gedanken und Vorschläge drangen durch den Verleger Friedrich von Cotta bis zu König Wilhelm I. vor.

Nach sieben Jahren kehrte Friedrich List 1832 aus Amerika zurück. Sofort trat er in Wort und Schrift für den Eisenbahnbau ein. 1833 erschien seine Abhandlung „Über ein sächsisches Eisenbahnsystem als Grundlage eines allgemeinen deutschen Eisenbahnsystems."

Die Leipzig-Dresdener Bahn im Jahr 1837

An den Vorarbeiten zur Leipzig-Dresdener Eisenbahn war er maßgeblich beteiligt. Das Zusammenschrumpfen seines in Amerika erworbenen Vermögens, politische Streitigkeiten und die ständige Überanstrengung zermürbten ihn dann aber so sehr, daß er am 30. November 1846 bei Kufstein mit 57 Jahren freiwillig in den Tod ging.

Eine Pferdeeisenbahn für Württemberg?

Bereits vier Jahre später, nachdem der erste mit Dampf betriebene Zug auf „eiserner Bahn" von Nürnberg nach Fürth gerollt war, wich die anfänglich stürmische Begeisterung einer gleichgültigen Resignation wegen der Unausführbarkeit einer Eisenbahn durch Württemberg. Die damals gebauten Lokomotiven konnten nur Steigungen von fünf Promille und diese nur mit einem Viertel ihrer angehängten Last überwinden, eine Pferdebahn hingegen Steigungen von 30 Promille. Trotz dieser Schwierigkeiten war eine Vervollkommnung der wichtigen durch Württemberg führenden Verkehrsstraßen eine unabdingbare Notwendigkeit, welche der Fortschritt der Zeit einfach erforderte.

In seiner Studie „Über die Notwendigkeit und Ausführbarkeit einer Eisenbahn durch Württemberg" teilte der Eisenbahningenieur Karl von Etzel die Verkehrslinien nach

ihrer Wichtigkeit oder erwarteten Frequenz in drei Klassen von Verkehrsmitteln ein, und zwar
1. Eisenbahnen, mit Dampfkraft befahren, und Kanäle von großem Profil;
2. Eisenbahnen mit Pferdekraft und Kanäle von kleinem Profil;
3. gewöhnliche Landstraßen.

Für die wichtigsten Verkehrslinien innerhalb Württembergs, die Verbindung des Rheins mit der Donau und dem Bodensee
— von der Westgrenze (Bruchsal, Pforzheim) nach Cannstatt,
— von der Nordgrenze (Heilbronn) nach Cannstatt,
— von Cannstatt an die Donau (Ulm),
— von Ulm an den Bodensee (Friedrichshafen),
ergab sich, verglichen mit der Frequenz anderer Handelsstraßen in Deutschland, höchstens die Wichtigkeit der Klasse 2, also einer Pferdeeisenbahn, die zudem für das Hügelland Württemberg als am besten geeignet erschien. Auch betrugen die Anlagekosten einer Pferdebahn höchstens die Hälfte der Kosten gegenüber einer mit Lokomotiven befahrenen Bahn.
Weiterhin forderte Etzel, die Bahnschienen so zu gestalten, daß sie für Wagen jeder Art, vorausgesetzt, daß sie die bestimmte Gleisweite führen, als Gleise dienen könnten. Der Transport auf der ganzen Bahnlinie sollte durch eigene Pferde geschehen, die Bahn selbst jedoch für jedes fremde Fuhrwerk zugänglich sein. Dadurch wäre es möglich, die Anzahl der zur Bahn gehörenden Wagen auf ein Minimum zu reduzieren, die Unkosten für Umladen und Lagern von Gütern zu senken und jede gewöhnliche Landstraße auf die Bahn einmünden zu lassen.
Doch die schnelle Entwicklung auf dem Gebiet der Lokomotiven ließ den Gedanken an den Bau einer Pferdeeisenbahn bald vergessen. Bereits zehn Jahre später konnten mit Lokomotiven Steigungen von 25 Promille überwunden werden.

Das Königreich Württemberg befaßt sich mit dem Bau einer Eisenbahn

1830 beauftragte König Wilhelm auf Anregung Friedrich von Cottas den Ingenieur Duttenhofer mit einer Erkundungsreise nach England, um die dort schon in Betrieb befindlichen Eisenbahnen zu begutachten. Die eingehenden Berichte waren so erschöpfend, daß der König eine Sonderkommission mit der Begutachtung der Frage von der „Einführung verbesserter Verbindungsstraßen auf den bedeutendsten Linien des vaterländischen Verkehrs" einsetzte.
Gleichzeitig hatte er aus Privatmitteln durch Ingenieur Duttenhofer Studien über Kanalverbindungen zwischen den fünf oberschwäbischen Städten Biberach, Waldsee, Ravensburg, Saulgau und Buchau und zwischen Neckar und Bodensee vornehmen lassen.
Das im Jahr 1834 von der Kommission erstattete Gutachten hatte die Eisenbahn als das geeignetste Verkehrsmittel zum Ergebnis und schlug unter Rücksichtnahme auf geeignete Anschlüsse an die Nachbarländer im wesentlichen die Richtung vor, welche die heutige Rems-, Kocher-, Brenzbahn nach Ulm und von hier die Südbahn nach Friedrichshafen einschlägt. Gleichzeitig betonte die Kommission, daß nur eine einge-

hende Geländeaufnahme und Kostenberechnung sichere Anhaltspunkte für ihren Bau bieten könne.

Nach Bekanntwerden des Kommissionsberichts brandete Widerhall im Land auf, am stärksten in Ulm. Es begann ein Kampf um eine die Interessen der Bürger berücksichtigende Bahn, zumal in der einstigen Reichsstadt der Unmut über den Anschluß an Württemberg noch nicht verraucht war.

Fahrt frei
in die Ulmer Eisenbahngeschichte

Gründung der Ulmer Eisenbahngesellschaft

Bereits in der Stadtratssitzung am 22. September 1835 schnitt das Bürgerkollegium – vornehmlich Angehörige des Ulmer Handelsstandes – erstmals die Eisenbahnfrage an und faßte eine Resolution, in der zum Ausdruck gebracht wurde, die Stadt möge bei der Eisenbahnfrage unter allen Umständen als bedeutender Handelsplatz berücksichtigt werden. Die Stadt hatte zu jener Zeit 15173 Einwohner.

Am 21. Dezember 1835 konstituierte sich die „Ulmer Eisenbahngesellschaft". Dem Direktorium gehörten an:

Regierungsdirektor von Holzschuher als Vorstand,
Oberjustizrat Habermaas als Stellvertreter,
Oberjustizassessor Hohbach als Sekretär,
Professor Dr. Konrad Friedrich Haßler als Sekretär,
Kaufmann Martin Kölle als Kassier,
Ph. J. Wieland als Techniker,
Kreisbaurat Bühler als Architekt,
Kaufmann J.G.F. Kispert und
Kaufmann G. Wuhßler.

Das erklärte Ziel der Gesellschaft war es, mit allen Mitteln um eine Trassenführung der Bahn über Plochingen, Göppingen und Geislingen nach Ulm zu kämpfen. Im Auftrag der Gesellschaft wies Haßler in einer Eingabe an den Ulmer Rat vom 26. Dezember 1835 darauf hin, daß Ulm, in seiner Bedeutung im Lauf der Zeit unleugbar tief heruntergekommen, bei seiner glücklichen Lage im Mittelpunkt des süddeutschen Eisenbahnsystems sich wieder zur früheren Bedeutung erheben werde, wenn die Stadt für ihre Zukunft mit größter Kraftanstrengung sorge, und zwar durch tatkräftige Unterstützung der Bestrebungen eines Eisenbahnbaues von Stuttgart nach Ulm und von da an den Bodensee. Andernfalls würde der Stadt der ihr dank ihrer günstigen Lage seit eh und je zugewiesene Durchgangshandel verloren gehen, wenn die Verbindung zwischen Württemberg und Bayern an einem anderen Punkt der Donau zustande käme und ein bayerisches Donaustädtchen (gemeint ist hier wahrscheinlich Regensburg) ein wichtiger Stapelplatz des Donauhandels werde.

Darauf beschloß der Rat der Stadt, für den Bahnbau eine Beteiligung von 100 000 Gulden, gestückelt in 1000 Aktien im Nennwert von je 100 Gulden, zuzusichern. Am 29. Dezember 1835 erfolgte vom Direktorium der Ulmer Eisenbahngesellschaft ein Aufruf an die Bürger der Stadt, Aktien zu zeichnen:

„Möge jeder bedenken, wie viel daran liegt, daß gerade Ulm mit gutem Beispiel vorangehe, Ulm, dem man schon oft den Vorwurf gemacht hat, daß es an seinem Verfall durch eigene Untätigkeit schuld sei, Ulm, das jetzt zeigen kann, daß in den Herzen seiner Bürger der Sinn der Vorfahren für großartige Unternehmung, von welchem unser Münster zeugt, noch nicht erloschen ist. Möge endlich jeder erwägen, daß hier von keiner Bettelei die Rede ist, sondern von Zuschüssen zu einem Unternehmen, welche nicht verloren gehen, sondern seiner Zeit guten Zins bringen und dazu beitragen werden, ein Werk ins Leben zu rufen, das dem Grundeigentümer und Handwerker wie dem Gewerbetreibenden und Kaufmann für die Zukunft einen regen Verkehr und reichen Lohn seiner Tätigkeit verspricht."

Auch in Stuttgart hatte sich eine Interessengemeinschaft gebildet. Beide Gesellschaften trafen sich am 3. Januar 1836 zum erstenmal in Stuttgart. Am 28. Februar 1836

kommt es im Gasthaus „Zum Schwarzen Ochsen" bei einer Versammlung zur Absegnung des Vereinigungsvertrags mit der Stuttgarter Gesellschaft.
Zwischenzeitlich tat sich einiges in Ulm. Am 15. März 1836 veranstaltete der Musikverein ein Eisenbahnkonzert mit einem eigens dafür von Mitglied Keller komponierten Eisenbahnwalzer. Vom 19. bis 22. April stellte Mechanikus Autenriet im Gasthaus „Zum Greifen" seine Modelleisenbahnanlage aus.
Bei der zweiten Begegnung der Gesellschaften am 15. Mai 1836 im Museumssaal in Stuttgart erfolgte bereits der Zusammenschluß unter dem Namen „Württembergische Eisenbahngesellschaft". Rasch wurden dafür 9,5 Millionen Gulden gezeichnet.

Aber bald wurde es stiller um den Plan, eine Eisenbahn zwischen Heilbronn–Stuttgart–Ulm und Friedrichshafen zu bauen. Es stellte sich nämlich heraus, daß die Baukosten für das geplante Vorhaben wesentlich höher lagen als zuerst gedacht, so daß die Regierung aus Mangel an einwandfreien Unterlagen auch die Konzession nicht erteilte. Am 31. Mai 1838 kam es zur Liquidation der Gesellschaft. Übrig blieb ein Verein zur Förderung des Eisenbahnwesens in Württemberg und zur Beratung der Regierung hierüber. Manch wichtigen Dienst hat dieser Verein der Regierung später noch geleistet, namentlich bei der Berechnung der Ertragsfähigkeit der in Betracht kommenden Strecken.

Erster Planungsauftrag der Staatsregierung

In den Staatshaushaltsplan 1836/39 ließ Finanzminister Herdegen einen Betrag von 100 000 Gulden als vorläufigen Fonds zur Förderung und Unterstützung der Eisenbahnunternehmen aufnehmen. Für die Projektbearbeitung der Strecken
— Cannstatt – Neckar – Fils – Albrand – Ulm,
— Sontheim – Ulm,
— Ulm – Friedrichshafen
erhielt Oberbaurat Bühler den Auftrag. Obwohl die Regierung rasche Bearbeitung der Projektstudien verlangte, war sie außerstande, genaue Richtlinien für den technischen Teil und notwendige Erläuterungen für eine detaillierte Bearbeitung des bisher angesammelten Materials zu geben.
Am 22. Februar 1839 wurde der Abgeordnetenkammer unter anderem das Ergebnis folgender Untersuchungen und Berechnungen vorgelegt:
Erstens für die Ostbahn Stuttgart – Esslingen – Plochingen – Ebersbach – Altenstadt – Überkingen – Hausen – Reichenbach im Täle – Geislingen – Steighof – Urspring – Lonsee – Westerstetten – Bollingen – Mähringen – Ehrenstein – Ulm mit einer Streckenlänge von 108,6 km (heute 94,0 km) und Kosten von 9 150 899 Gulden.
Zweitens für die Südbahn Ulm – Kuhberg – Erbach – Warthausen – Biberach – Essendorf – Waldsee – Zollenreute – Ravensburg – Friedrichshafen mit einer Länge von 97,7 km (heute 103,6 km) und einem Kostenaufwand von 6 353 493 Gulden.
Außerdem war der Vorlage noch ein Projekt über einen Kanal von Ulm bis Friedrichshafen mit einer Länge von 105 km und 7 446 944 Gulden Baukosten beigegeben.

Innenminister Schlayer bezeichnete jedoch die Planprojekte als noch nicht abgeschlossen und der Revision bedürftig. Sie kamen auch nicht in die Debatte der Abgeordnetenkammer. Der Abgeordnete Dörtenbach stellte daher den Antrag, von einer eingehenden Erörterung der Planungsvorhaben abzusehen, weil die Zeit für die Fassung eines Beschlusses über die Streckenführung der zu erstellenden Bahn und die Art ihrer Ausführung noch nicht gekommen sei. Die Regierung ließ sich nun Zeit und konnte am 7. März 1842 durch Innenminister Schlayer ausgereifte Pläne der Ständekammer vortragen.

Die Entscheidung fiel zugunsten des Staatsprinzips aus; der Eisenbahnbau sollte auf Kosten des Staates erfolgen. Für die kommende Haushaltsperiode wurden 3,2 Millionen Gulden in Aussicht gestellt.

Zur Begutachtung der vorgelegten Projekte wurde der k.u.k. österreichische Oberingenieur Negrelli aus Wien berufen. Neben der Revision der vorgelegten Projekte sollte Negrelli zu folgenden Punkten Stellung nehmen:
1. Auswahl einzelner unter sich konkurrierender Bahnen;
2. Konstruktion des Oberbaues;
3. Krümmungshalbmesser und Steigungen;
4. Mittel zur Überwindung größerer lokaler Schwierigkeiten, unter anderem Überschienung der Alb auf der Linie Stuttgart–Ulm.

Bereits am 29. August 1842 konnte Negrelli dem Ministerium des Innern seinen Bericht vorlegen. Hierin akzeptierte er die Filsbahn, die Remsbahn beurteilte er ziemlich abfällig. Für den Albaufstieg bei Überkingen schlug er eine verbesserte Linienführung mit Steigungen von 1:90 und Krümmungsradien von 156 m vor. Gegen die Streckenführung von Westerstetten über Bollingen, Mähringen, Ehrenstein hatte er nichts einzuwenden. Bei der Südbahn riet er vom Umweg über Waldsee ab. Für den Betrieb empfahl er durchweg den Einsatz von Lokomotiven.

Für die Krümmungsradien setzte er folgende Werte fest: Auf der freien Strecke 429 bis 515 Meter, im Bereich der Bahnhöfe 343 Meter.

Steigungen sollten den Wert von 1:89 nicht überschreiten. Für Bahnhöfe verlangte er eine Länge von 257 Meter, außerdem sollten sie vollständig eben liegen und kein Gefälle aufweisen.

Eine seitens der Kammer der Abgeordneten eingesetzte Prüfungskommission von elf Mitgliedern beschäftigte sich eingehend mit dem Negrelli-Gutachten und legte im Januar 1843 ihren Bericht vor. Die Stimmung unter den Abgeordneten war geteilt. In dreizehn langen Sitzungen vom 16. bis 30. Januar 1843 wurde debattiert und alle Möglichkeiten bis ins einzelne erörtert.

Die Befürworter der Pläne hoben hervor, daß man mit der Eisenbahn von Stuttgart nach Ulm in vier Stunden oder von Heilbronn nach Friedrichshafen künftig in zehn Stunden gelangen könne, statt bisher mit dem Hauderer (Lohnfuhrmann) oder Frachtführer in drei Tagen oder mit dem Eilwagen in eineinhalb Tagen. Dazu sei das Fahren mit der Bahn mehr als 50 Prozent billiger.

Demgegenüber machten die Bahngegner geltend, daß zahlreiches Zugvieh entbehrlich würde und daß die Hauderer, Posthalter, Spediteure und Gastwirte zu Scharen dem Konkurs entgegen gingen. Sie befürchteten ferner, daß das flache Land, vor allem die kleineren Landstädte, die abseits der Eisenbahn liegen, völlig veröden würden.

Als abgestimmt wurde, ob der Staat nun mit dem Bahnbau beginnen solle, stimmten 58 Abgeordnete dafür und 26 dagegen. Allerdings waren unter letzteren solche, die nur vorerst und unter bestimmten Umständen gegen die Inangriffnahme des Eisenbahnbaus waren. Es ist bezeichnend, daß von den 26 Neinsagern nicht weniger als 21 das Wort zur Abgabe einer Begründung erbaten. Weitblickend unter den Opponenten und sachlich im Unrecht war ein biederer Bauernschultheiß aus dem oberen Gäu, der am Schluß seiner Meinungsäußerung die prophetischen Worte sprach: „Ich gebe mich der Hoffnung hin, daß es dem menschlichen Scharfsinn in der Mechanik gelingen wird, solche Maschinenwagen zu erfinden, auf denen man ohne Rauch und Dampf auf unseren dann verbesserten Landstraßen mit weniger großen Kosten dahineilen kann."

Obwohl die Gegner des Bahnbaus eine relativ starke Minderheit von nahezu einem Drittel darstellten, ließen sich die Befürworter nicht im mindesten beeindrucken. Der Sprecher der Kammer, der das Abstimmungsergebnis bekanntgegeben hatte, schloß die Sitzung mit den Worten: „Die Erfindung der Eisenbahn ist eine welthistorische Erscheinung, mit welcher für das ganze menschliche Geschlecht in geistiger und materieller Hinsicht eine große, neue Ära beginnt."

Am 22. März 1843 legten die Stände ihre Beschlüsse zu dem von der Regierung am 7. März eingebrachten Gesetzentwurf dem Königlichen Geheimen Rat vor. Bereits am 3. April erging die königliche Sanktion und am 18. April 1843 konnte das württembergische Eisenbahngesetz verabschiedet werden. Nach Artikel 1 hieß es:
– Eisenbahnen werden auf Staatskosten gebaut;
– Zweigbahnen können von Privatgesellschaften gebaut und betrieben werden;
– Die Hauptverkehrslinien sind festgelegt, und zwar unter anderem von Stuttgart durch das Filstal nach Ulm und weiter nach Friedrichshafen;
– Für entlegene Bezirke wird durch erhöhte staatliche Zuschüsse für den Straßenbau gesorgt.

Man hätte nun glauben können, daß mit der Verkündung dieses Gesetzes ein fester Boden für den Bau von Eisenbahnen geschaffen worden sei. Dem jedoch war nicht so. Obwohl die Führung der Ostbahn durch das Filstal gesetzlich festgelegt war, wagten die Remstäler nochmals einen Vorstoß gegen das Projekt und beriefen auf eigene Kosten den Ingenieur Beyse aus Köln.

Beyse stellte in den Vordergrund seiner Ausführungen die Tatsache, daß sich Bayern bislang noch nicht entschlossen habe, eine Bahnlinie von Augsburg nach Ulm zu bauen und somit die Filstalbahn keine Fortsetzung habe, andererseits Nördlingen bereits als Knotenpunkt vorgesehen war und somit sei es doch naheliegend, daß Württemberg seine Linienführung daraufhin ausrichte und an das bayerische Netz anschließe. Weiter gibt er in seinem Gutachten in bezug auf die Terrainschwierigkeiten sowie der Baukosten der Rems-Kocher-Brenz-Bahn den Vorzug. Auch versprach er sich eine größere Rendite von der Brenzbahn als von der Filsbahn. Allein die größere Streckenlänge spreche gegen die Rems-Kocher-Brenz-Bahn.

Die Verfechter der Filsbahn blieben diesen Ausführungen gegenüber nicht stumm. Namentlich Dr. Konrad Friedrich Haßler, damals Abgeordneter im Landtag und gleichzeitig Referent für Eisenbahnfragen, war es, der die strategische Bedeutung Ulms in die Debatte warf (Ausbau der Stadt zur Bundesfestung).

In diesem Zusammenhang sei auch die Denkschrift des Stadtrats und Bürgerausschusses der Stadt Ulm vom Januar 1842 erwähnt. Sie trug den Titel „Beleuchtung der Tatsachen, welche für den Bau einer Eisenbahn durch Württemberg in der Richtung von Cannstatt, bzw. Stuttgart, durch das Neckar- und Filstal nach Ulm und von da an den Bodensee sprechen".

Der Meinungsstreit hatte bezweckt, daß die Regierung in Erfüllung einer Bitte der Stände einen weiteren ausländischen Fachmann zu Rate zog. Er kam im September 1843 in der Person des Professors Charles de Vignoles aus London. Nach Durchsicht der Arbeitsunterlagen und Besichtigung des Geländes für die projektierten Bahnen erstattete er im März 1844 seinen Bericht. Dabei übte er scharfe Kritik an den bisherigen Arbeiten, die samt und sonders nach einem unrichtigen System ausgeführt worden seien. Für die Ostbahn schlägt er — entgegen der vom Gesetz schon verabschiedeten Führung über die Alb — das Rems-, Kocher-, Brenztal vor. Wegen der Schwierigkeiten am Fuß des Kuhbergs in Ulm führt er die Südbahn über Ehingen, Rottenacker, Buchau, Schussenried nach Aulendorf.

Mit Vignoles Arbeiten hatte man zwar wieder ein neues Gutachten, aber noch immer nicht die gewünschten klaren Verhältnisse. Um dem fruchtlosen Debattieren ein Ende zu machen, soll dann — wie man erzählt — König Wilhelm I. die fragwürdigen Strecken einfach mit dem Lineal eingezeichnet haben.

Trotz alledem berief die Regierung weitere Gutachter, die sie gleichzeitig für die Inangriffnahme des Eisenbahnbaus verpflichtete. Es waren dies:
— Karl von Etzel, geboren 1812 in Heilbronn, aus Wien kommend und bereits als Oberingenieur beim Bau der Versailler Bahn dabei;
— Ludwig Klein, Zivilingenieur aus Wien von der Kaiser-Ferdinand-Nordbahn und auch mit dem amerikanischen Eisenbahnwesen vertraut;
— Michael Knoll, geboren 1805 in Geislingen und als bedeutender Brücken- und Straßenbaumeister bekannt.

Diese drei Herren unterzogen sich den ihnen gestellten Aufgaben und lösten sie souverän. Am 31. Mai 1844 übergaben sie ihren Bericht der Eisenbahnkommission. Es blieb bei der bereits durch Gesetz festgelegten Streckenführung.

Der Weg für den Bau der Württembergischen Staatseisenbahnen war frei.

Für und Wider bei der Entscheidung der Stadt über die Lage des Bahnhofs

Ende der dreißiger Jahre des 19. Jahrhunderts erhielt die Stadt Ulm infolge der lebhaften Bautätigkeit im Westen an der Ehinger Straße erstmals von der Regierung den Auftrag, einen Generalbebauungsplan vorzulegen. Die Regierung sah die Auswirkungen, die bei der Außerachtlassung des Einflusses der Eisenbahn als gestaltendes städtebauliches Element auf eine geordnete Entwicklung der Stadt zukamen.

Wie aus dem damaligen Schriftwechsel hervorgeht, wurde der Bebauungsplan nur als notwendiges Übel empfunden, da er der Stadt nur Verpflichtungen auferlege. Bereits 1837 kam zum Ausdruck, es könne „um deswillen ein Stadtplan nicht gemacht werden, weil die Richtung der Bahn fehle". Und auch ein Jahr später hieß es, die Festlegung des Bebauungsplanes müsse hinausgeschoben werden, bis die immer und immer wieder umstrittene Linienführung der Eisenbahn festliege.

Es häuften sich die Auseinandersetzungen zwischen Stadt und Staat, bis 1838 von der Regierung unter Strafandrohung kurzerhand verfügt wurde, einen Bebauungsplan abzuliefern. Es durfte auch keine Bauerlaubnis mehr erteilt werden, da zu jener Zeit außerhalb der Stadt Spekulationsbauten errichtet wurden. Der damals verantwortliche städtische Planer, Architekt Thrän, hatte in seinem ersten Stadtbebauungsplan, den er 1838 der Stadt vorlegte, das westliche und nordwestliche Gelände als Erweiterungsgebiet ausgewiesen. Auch nach Vorlage dieses Plans kommt die mangelnde Erfahrung der Verantwortlichen in städtebaulichen Fragen zum Ausdruck, denn es hieß seitens der Stadt, daß „die wirkliche Ausführung dieses Stadtbebauungsplanes in die fernste Zukunft sich verlängern werde und es der Nachwelt überlassen sei, hierin manches noch näher nach Zeit und Umständen zu bestimmen".

Der nunmehr vorliegende Plan entsprach jedoch nicht den Vorstellungen des inzwischen mitverantwortlich gewordenen Festungsbaudirektors. Major von Prittwitz sah seine eigentliche Aufgabe darin, den Festungsbau gemeinsam mit der Linienführung der Bahn ohne Rücksichtnahme auf die einzelnen Territorialinteressen auszuführen. Weitblickend hatte er sich bereits in seinem ersten Bericht vom 25. Juni 1841 an die Bundesversammlung in Frankfurt entschieden dafür ausgesprochen, daß bei dem Entwurf der Befestigung Ulms auf die Möglichkeit, die Stadt zu erweitern, Rücksicht genommen werden müsse. Weiter führte er aus, daß bei der zunehmenden Bevölkerung und Wohlhabenheit der deutschen Städte sowie bei der so verkehrsgünstigen Lage Ulms als Knotenpunkt so vieler Straßen sich im Laufe eines halben oder vollen Jahrhunderts seine Einwohnerzahl verdoppeln oder gar vervielfachen werde. Tatsächlich betrug die Einwohnerzahl 1837 etwa 17 000, 1890 bereits etwa 36 000 und 1920 rund 60 000 Bürger.

Erst im Jahr 1847 liest man vom ersten Fertiger des Generalbebauungsplans, daß „die großartige, für die künftige Gestaltung von Ulm höchst wichtige Anlage der Eisenbahn auf dem Stadtplan eingezeichnet werden müsse". Kurze Zeit später schließt sich der Ulmer Stadrat dieser Meinung an; doch diese Einsicht kommt zu spät.

Bei heutiger Beobachtung und Verfolgung dieser Begebenheiten gewinnt man einen Einblick in die damaligen Zeitverhältnisse und spürt, daß wohl infolge mangelnder Erfahrung Unklarheit herrschte über die damals wichtigste Aufgabe der Stadt, nämlich die für ihre Zukunft städtebaulichen Notwendigkeiten zu erkennen und auch durchzusetzen. Was Haßler bereits 1835 der Stadt geraten hatte, wurde nicht verwertet und nicht in die Tat umgesetzt.

Im ersten Bebauungsplan war zwar der Westen der Stadt als Erweiterungsgebiet ausgewiesen, man unterließ es jedoch, die Bahnlinie in das künftige Stadtbild einzubeziehen. Man verließ sich zunächst auf diejenigen, welche die Bahn zu projektieren hatten. Wie sich später bei der Planung der Bahnhofslage in krasser Weise ergab, fehlten damals, als sich das Schicksal der Stadt in diesem Bereich städtebaulich entschied, jene Kräfte, die aus der Stadtverwaltung selbst hätten kommen müssen.

Tatsache ist, daß sich Prittwitz von Anfang an mit der Planung der Stadterweiterung befaßte. Ebenso ist nicht zu verkennen, daß weder die damalige Regierung noch die Stadt Ulm selbst seine Pläne verstanden. Ja der Stadtrat beantragte sogar beim König die Entfernung des Festungsbaudirektors. Prittwitz, der damals an der Spitze fast aller Ulmer Wohltätigkeitsvereine stand, und der infolge seiner hervorragenden Fähigkeiten als Ingenieur vom preußischen Generalstab als Gutachter in Eisenbahnfragen herangezogen wurde, mußte sich in jener Zeit gefallen lassen, in anonymen Schreiben als Volksverräter bezeichnet zu werden. Inwieweit hierbei Verbitterung wegen des Festungsbaus selbst Ursache war oder von einem Teil der Grundeigentümer herrührte, denen der Prittwitzsche Bahnhofsplan aus Spekulationsgründen zuwider war, bleibt dahingestellt. Jedenfalls hat man damals die hervorragende Qualifikation des Festungsbaudirektors nicht erkannt.

1845 äußerte sich Prittwitz in einem Gutachten über den Stadtbebauungsplan, daß ein Beschluß erst gefaßt werden könne, wenn über den Standort des Bahnhofs entschieden sei. Ein Jahr später schlägt er weiter vor,

a) das künftige Blaubeurer und das Stuttgarter Tor durch eine gerade, möglichst breite Straße zu verbinden (heutige Karlstraße),

b) nördlich dieser Straße vorläufig den Häuserbau nicht zu gestatten, bis über die Möglichkeit eines künftig dort anzulegenden württembergisch-bayerischen Bahnhofs endgültig entschieden worden sei.

Eine klare Aussage der Stadt, wo sie den Bahnhof anzusiedeln gedenke, um die spätere Entwicklung der Stadt nicht zu stören, blieb aus. Aus den damaligen Berichten in der Presse könnte man schließen, daß die ganze Angelegenheit den Redakteuren und der Bevölkerung überlassen wurde. Am 26. und 28. Juli 1846 hatten noch beide Ulmer Zeitungen die Lage des Bahnhofs „Im Boden" nördlich der Stadt als die zweckmäßigste bezeichnet. Die Stadt dürfe keine Opfer scheuen, den Bahnhof dorthin zu legen. Noch am 2. November 1847 blieben die Zeitungen auf dieser Linie. Aber schon am 24. November desselben Jahres schrieb das Ulmer Intelligenzblatt, daß die Nord-Süd-Lage des Ulmer Bahnhofs beim Glöcklertor (das entspricht dem heutigen Standort) die richtige sei, weil hierdurch die städtischen Gewerbe weit weniger Störungen erleiden würden, als wenn der Bahnhof in den sogenannten „Boden" käme, wo — durch die örtlichen Verhältnisse begünstigt — gewiß sehr bald ein neuer Stadtteil zum Nachteil der älteren entstehen würde.

Aus diesen Äußerungen, die in derselben Zeitung innerhalb kurzer Zeit ins Gegenteil umschlugen, geht hervor, welch unsichere und unklare Haltung die Stadt selbst zur Bahnhofsfrage einnahm. Nach zuverlässigen Überlieferungen haben Konkurrenzneid und Spekulationsgründe einen Teil der damaligen Stadtratsmitglieder bei ihrer Entscheidung beeinflußt. Einige von ihnen sollen als Grundstücksbesitzer beim Verkauf des Grund und Bodens im Westen der Stadt Spekulationsgeschäfte getätigt haben.

In der „Ulmer Schnellpost" heißt es am 26. Juli 1846, es sei „vielen unbegreiflich, daß sich bis heute noch nicht eine Stimme über diese Lebensfrage für Ulm hören ließ". Auch daß am 24. August 1846 eine große Zahl von Bürgern an die Stadt die Bitte richteten, die Lage des Bahnhofs gemäß den Prittwitzschen Planungen zu bestimmen, nützte nichts mehr. Ebenso blieb der von städtischen Technikern verfaßte Entwurf für eine Eingabe an die Regierung ohne Widerhall, in dem darauf hingewiesen wurde, daß infolge des schlechten Baugrundes an der Blau umfangreichere Fundierungen nötig seien als im Norden der Stadt, und daß der Bahnhof, wenn er nördlich angelegt würde, dem Landungsplatz an der Donau näher wäre.

Die Mehrheit im Stadtrat war bereits gegen einen Standort im Norden der Stadt. Ein weiterer Beweggrund für die Entscheidung des Stadtrats vom 4. Oktober 1847 waren auch die höheren Grundstückspreise im Westen.

Viel zu wenig wurde von den verantwortlichen Stellen getan. Man verlor sich in der Befriedigung von Einzelinteressen. Das Resultat war, daß Ulm einen Bahnhof bekam, der als Durchgangsbahnhof verkehrstechnisch gewünscht, aber der zukünftigen Entwicklung Ulms hindernd im Wege stand.

Man könnte nun den Eindruck gewinnen, als ob die Wahl für die Lage des Bahnhofs einseitig durch die Eisenbahnverwaltung erfolgt sei. Dies trifft aber nicht zu. Vielmehr herrschte nach den vorangegangenen Verhandlungen Übereinstimmung zwischen Bahn und Stadtverwaltung. Die Abstimmung im Stadtrat am 4. Oktober 1847 für das Westprojekt ergab allerdings nur eine Mehrheit von einer einzigen Stimme. Bereits ein Jahr nach der Abstimmung zeigte sich in einer zeitgenössischen Kritik der Unmut der Bürger über die Wahl dieses Platzes: „Bereits ist der Raum, wohin der Bahnhof zu stehen kommt, von den Bäumen gelichtet; jetzt erst, nach Lichtung dieses Raumes bedauern wir die Wahl dieser Stelle. Jeder, der ein offenes Auge hat, muß dem sogenannten ‚Boden' den Vorzug geben, der eine herrliche Lage dargeboten hätte, während jetzt der Bahnhof in einem Winkel der westlichen Stadtseite sich versteckt, gleich als befiele ihn ein Gefühl der Unbehaglichkeit über die ihm zugewiesene Stelle, welche nicht einmal in direkter Verbindung mit der Stadt steht, während zwei Haupttore der Stadt, das Neue- und das Frauentor, in gerader Linie auf den sogenannten ‚Boden' führen. Doch ist die Sache nun ein ‚fait accompli'."

Grundrißplan Bahnhof Ulm von 1851

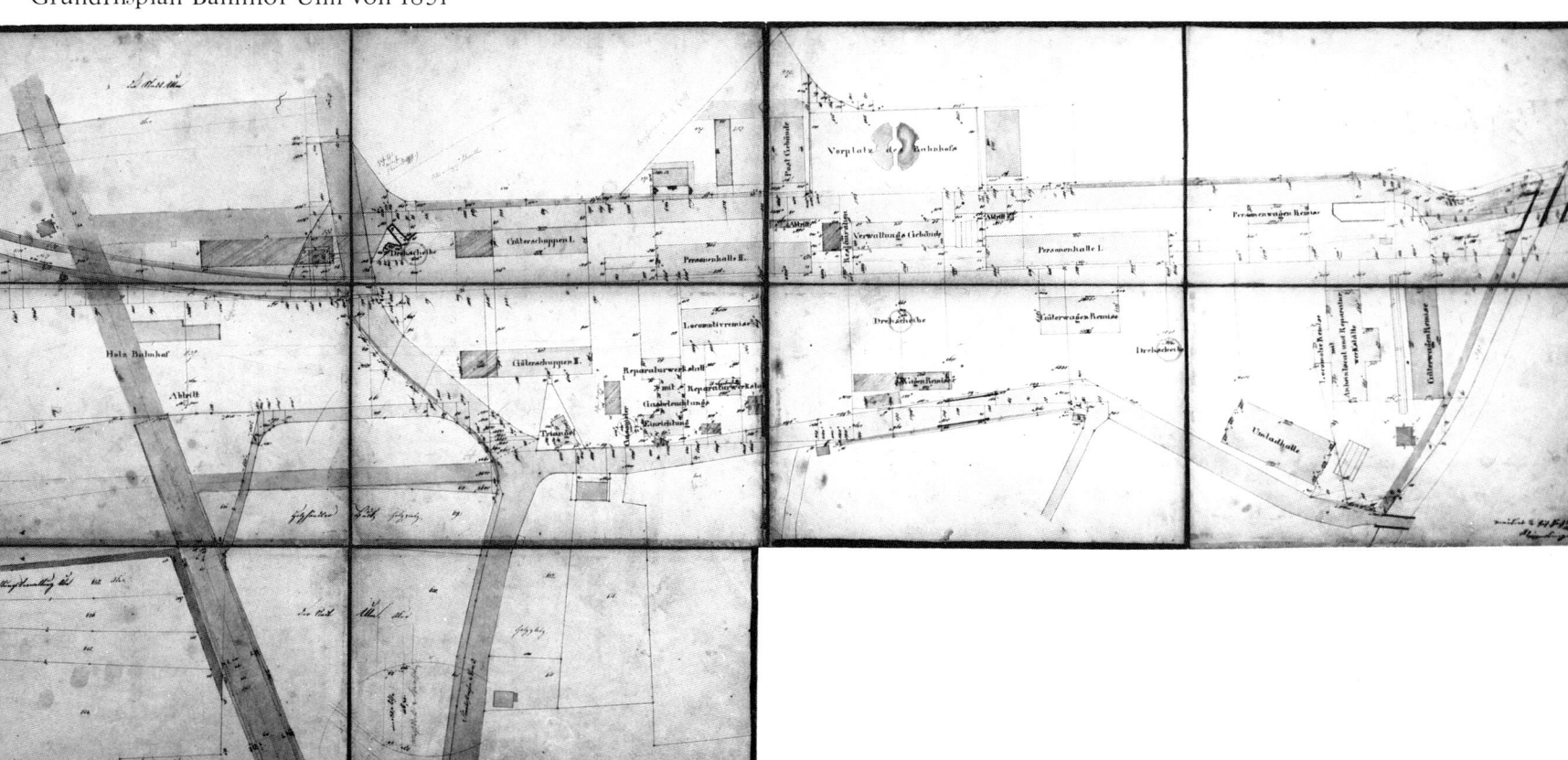

Die Lage des Bahnhofs an seiner jetzigen Stelle gab im Lauf der späteren Jahre öfters Anlaß zu Erörterungen, und immer wieder tauchte die Behauptung auf, daß das Gelände im sogenannten „Boden" zur Anlage des Bahnhofs sich für die Stadtentwicklung besser geeignet hätte. Der Einwand ist berechtigt, daß die Entwicklung der Stadt damals nicht unbedingt vorauszusehen war. Die Aufgabe der inneren Umwallung der Festung seitens der Militärverwaltung, die Milderung der Rayonbestimmungen und die dadurch ermöglichte Ausdehnung der Stadt gegen Westen konnte damals auch ein Mann mit Weitblick nicht erwarten. Gerade die Erfahrung in Ulm, das jahrhundertelang durch einen festen Mauerring umgeben war und eine Ausdehnung der Siedlung über diesen Ring hinaus nicht wünschenswert erscheinen ließ, bestätigt dies vollauf.

Bau der Bahnhofsanlage

Ausschreibung der Bauarbeiten für den Bahnhof Ulm

Auszuführende Arbeiten	Datum der Ausschreibung	Kostenvoranschlag	Fertigstellungsdatum
Überbrückung des oberen und unteren Blaukanals, Erd- und Fundamentarbeiten	August 1848	89 635 Gulden 28 496 Gulden	Mai 1849
Hochbauten a) Verwaltungsgebäude, Personenhalle, Einsteigtrottoir, Passagieraborte; b) Lokomotiv-, Wagen- und Güterschuppen, Wasserstationen	März 1849	127 073 Gulden	Mai 1850 Dezember 1849
Schmiedearbeiten	Juni 1849	8 021 Gulden	Dezember 1849
Schreiner-, Glaser-, Schlosser-, Flaschner-, Maler- und Pflasterarbeiten	August 1849	36 464 Gulden	Sommer 1850

Im Januar 1848 wurden die Arbeiten für den Bahnbau auf den Gemarkungen Lehr, Jungingen, Haslach und Ulm vergeben. Kostenvoranschlag: 397 585 Gulden. Für die zu erstellenden Kunstbauten (Tunnel unter der Frauensteige und unter dem Festungswall) kamen die Arbeiten im Februar 1848 mit einem Voranschlag von 90 440 Gulden zur Vergabe.

Bei der Vergabe der Arbeiten kam es zu Differenzen, da Stuttgarter Firmen – obwohl nicht günstiger im Angebot – den Vorzug vor Ulmer Firmen erhalten sollten. Die Ulmer Donauzeitung berichtet hierzu unterm Datum vom 18. September und 12. Dezember 1848:

> „An der Eisenbahnarbeiten-Akkord-Vergebung (welch lange Worte lassen sich im Deutschen bilden!) für die Ulmer Arbeiten hat sich der Nutzen einer kritischen Öffentlichkeit und der Pressefreiheit wieder bewährt. Wer weiß, ob nicht die ganzen Arbeiten im Rachen der Stuttgarter Großmogule geblieben wären, hätte sich nicht die Presse der Sache angenommen …

Die Maurermeister, welche seit Jahr und Tag keinen Neubau mehr auszuführen hatten, schmeicheln sich, daß sie bei der Verakkordierung berücksichtigt werden ...
Eine solche Berücksichtigung wäre ihnen zu gönnen, als auch im kommenden Jahr von Privaten wohl schwerlich Neubauten ausgeführt werden dürften und dieses Gewerbe somit einem fast gänzlichen Untergang entgegen sehen müßte."

Besondere Schwierigkeiten traten beim Bau des Bahnhofs auf, weil es notwendig wurde, die beiden Blauarme unter der ganzen Bahnhofsanlage hindurchzuleiten.

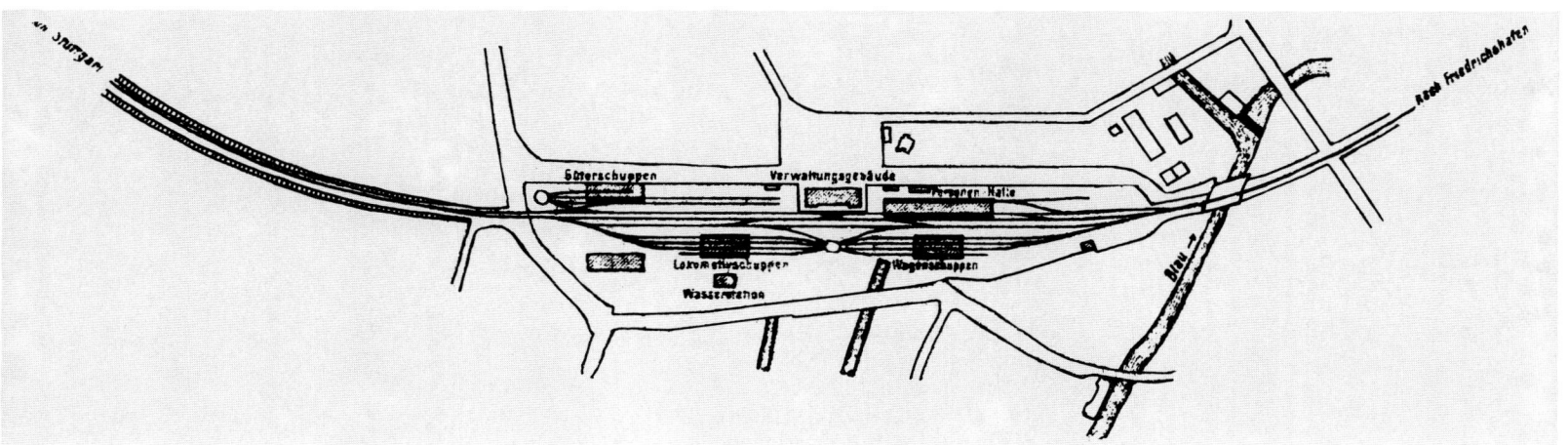

Der Bahnhof mit nur drei Hauptgleisen hat im Jahr 1850 eine Länge von 504 m und eine Breite von 83 m. Rechts vom Verwaltungsgebäude ist in der obigen Zeichnung die Personenhalle ausgewiesen, links davon der Güterschuppen; dem Verwaltungsgebäude gegenüber links der Lokomotiv-, rechts davon der Wagenschuppen.

Zur Eröffnung der Bahnlinien Biberach–Ulm am 1. Juni 1850 und Geislingen–Ulm am 29. Juni 1850 war das Empfangsgebäude noch nicht fertig. Die Fahrkartenschalter und die Bahnhofwirtschaft mußten vorläufig noch in behelfsmäßigen Gebäuden untergebracht werden. Die Eröffnung der Interims-Restauration unter Pächter Wittich erfolgte am 24. Juni 1850. Zum Jahresende 1850 konnten die Bauarbeiten an den Bahnhofsgebäuden zum Abschluß gebracht werden. — Gebaut wurde die Bahnhofsanlage von Hochbauinspektor Heimerdinger.
Der Zugang von der Stadt zum Bahnhof erfolgte von der Glöckler- und Hauffstraße oder von der Sedelhofgasse über den damals noch offenen Stadtgraben. Über die Blaubeurer Straße, die am nördlichen Bahnhofsende die Gleise schienengleich überquerte, konnte man von der Stadt ins Blautal gelangen.

Bahnhofsplatz um 1856.
In der Bildmitte das 1849/50 von Hochbauinspektor Heimerdinger erbaute Empfangsgebäude, das romantisch-klassizistische Züge trägt, die durch die Gliederung der Fassade, die verschiedenen Fenstergrößen und Proportionen, die verschiedenen Materialien — Werkstein, Ziegel und Bruchstein —, unterstrichen wurden. Der zweigeschossige Mittelbau wird von dreigeschossigen Seitentürmen eingerahmt.
Rechts das 1854/55 erbaute Postamt.

Bahnhofslageplan von 1863

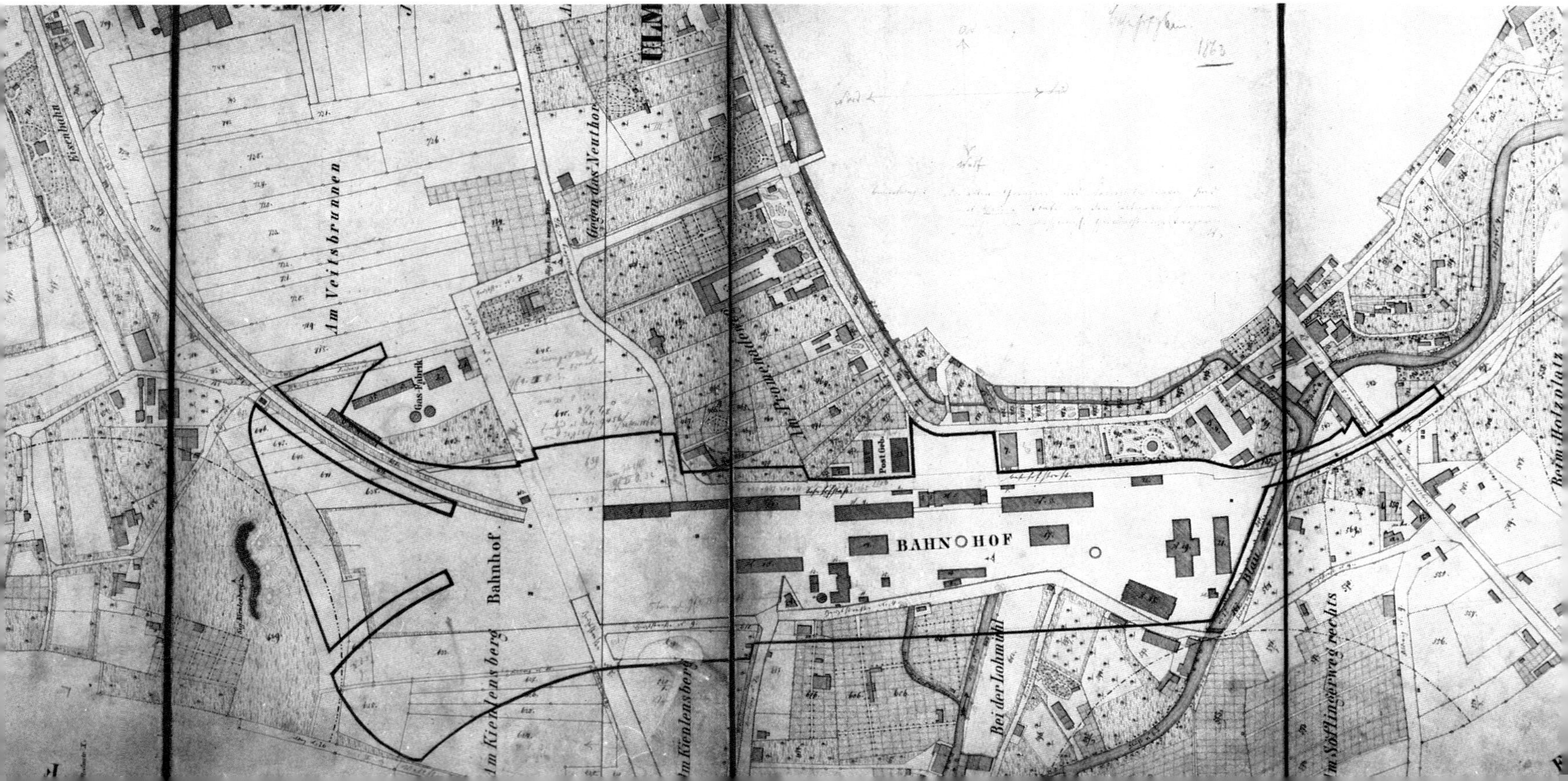

Aufnahme vom Münster (1863). Im Hintergrund in der rechten Bildhälfte das Hotel „Russischer Hof", das Bahnhofs-Empfangsgebäude und das Postamt.

Die Bahnlinie von Cannstatt nach Ulm

Die erste Eisenbahnlinie in Württemberg wurde am 22. Oktober 1845 zwischen Cannstatt und Untertürkheim eröffnet. Weitere Teilstrecken der künftigen „Hauptbahn" folgten am:

    7. November 1845   Untertürkheim – Obertürkheim,
  20. November 1845   Obertürkheim – Esslingen,
  15. Oktober 1846   Cannstatt – Stuttgart (– Ludwigsburg),
  14. Dezember 1846   Esslingen – Plochingen,
  11. Oktober 1847   Plochingen – Süßen,
  14. Juni 1849   Süßen – Geislingen,
  29. Juni 1850   Geislingen – Ulm.

Baukosten 15 900 000 Gulden, etwa soviel wie die Kosten der Bundesfestung Ulm.

Bis Ulm auf der endgültigen (und noch heutigen) Trasse erreicht wurde, waren manche Schwierigkeiten zu bewältigen. Konnte man beispielsweise im Neckar- und unteren Filstal Steigungswerte von 1:200 vorsehen, wurden zwischen Göppingen und

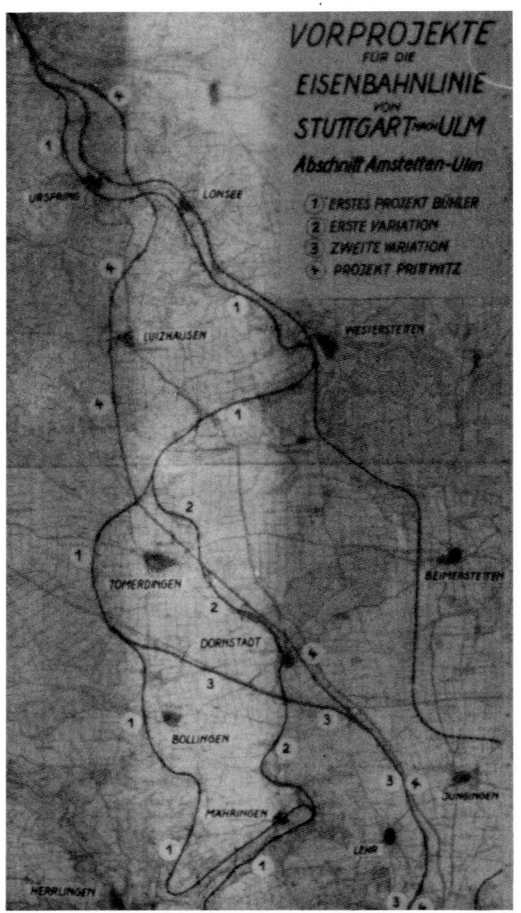
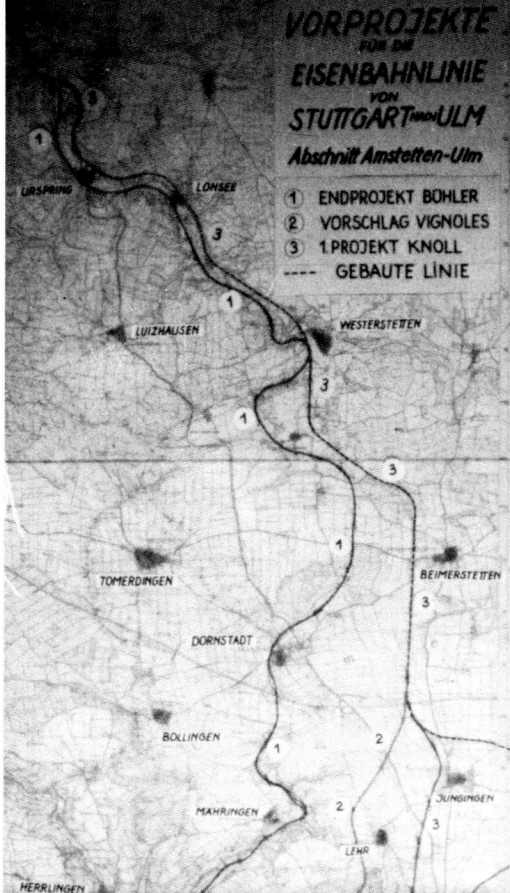

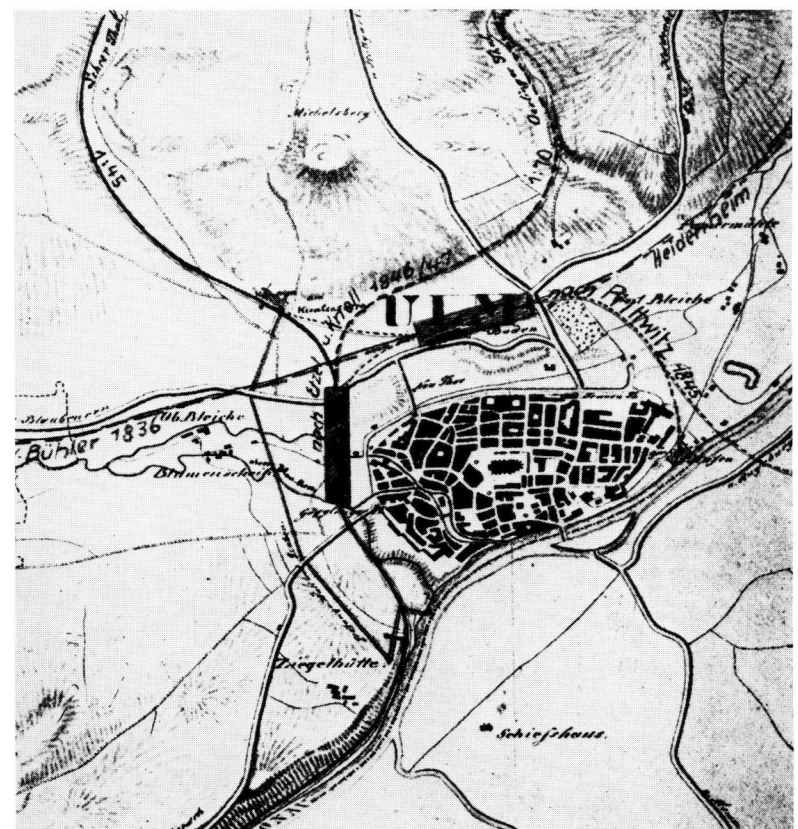 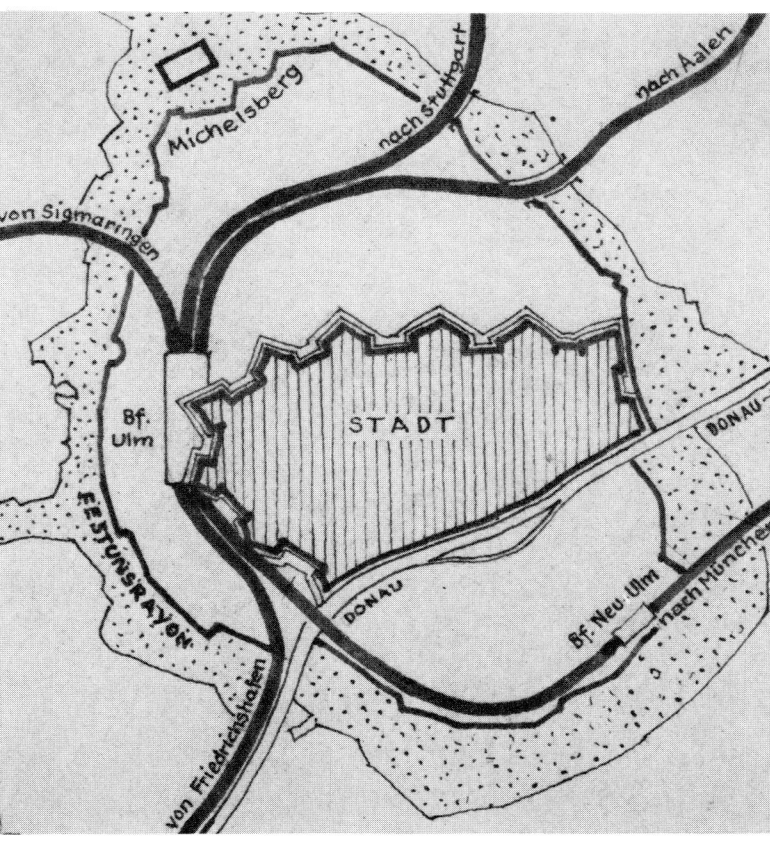

Entwürfe von Bühler, von Prittwitz, Etzel und Knoll über die Einführung der Bahnlinien in die Bundesfestung und die Anlage des Bahnhofs.
Rechts: Bundesfestung mit den einmündenden Eisenbahnstrecken.

Geislingen bereits Werte von 1:100 erreicht. Die Strecke stieg von Geislingen bis Amstetten mit einem Maximalwert von 1:44,5 an. Dabei waren auf einer Länge von 5 600 Meter 112 Höhenmeter zu überwinden.
Der Albabstieg nach Ulm sollte ursprünglich mit dem gleichen Maximalwert wie bei der Geislinger Steige verlaufen und über das Lehrer Tal nach Ulm führen. Die ersten Entwürfe über die Einführung der Strecke nach Ulm stammen von Oberbaurat Bühler. Er sah unter anderem den Weg über Bollingen, Mähringen, das Schammental und das damalige Dorf Ehrenstein nach Ulm vor.
Major von Prittwitz, der Erbauer der Bundesfestung, hatte die schwierige Aufgabe, die Eisenbahn in die Festungsanlage zu integrieren. Auch nach seinen Vorschlägen sollte die Einführung vom Lehrer Tal her erfolgen. Dabei riet er zur Anlage des Bahnhofs im sogenannten „Boden" (das ist das Gelände, das heute durch die Ensinger-, Schaffner-, Keplerstraße und den Veitsbrunnenweg begrenzt ist), weil er hoffte, so mit weniger Festungstoren auszukommen (für die Bahn waren nur zwei Durchlässe vorgesehen: einer in der Gegend des Stuttgarter, der andere in der Nähe des Blaubeurer Tores). Diese Lage schien ihm auch im Blick auf einen künftigen Donauhafen in der Friedrichsau günstiger.

Michael Knoll erkannte aber bei den Vorarbeiten, daß die Linienführung durch das Örlinger Tal mit Werten von 1:70 die größere Sicherheit bot und in der Betriebsführung nicht kostspieliger würde als die durch das Lehrer- oder Blautal gehenden Linien. Dabei hatte er auch die Anlage des Bahnhofs im Westen der Stadt (also die heutige Lage) im Auge. Entscheidend war auch, daß bei den Projekten von Bühler und Prittwitz ein Kopfbahnhof entstanden wäre, der betrieblich schon damals nicht geschätzt war.

Am 29. Juni 1850 erreichte der erste von Stuttgart kommende Bahnzug Ulm (siehe die zeitgenössische Zeichnung auf Seite 6). Hierzu schreibt die Ulmer Schnellpost:

> „Die Gebäude sind geschmückt mit württembergischen und städtischen Fahnen. Mitglieder der städtischen Behörden, Gouverneur Graf von Sontheim, die Festungsbaudirektoren der württembergischen und bayerischen Seite erwarten auf dem Trottoir den brausenden Gast.
>
> Auffällt, daß keine schwarz-rot-goldene Fahne weht! Sollten die mit dem Arrangement Beauftragten etwa darauf anspielen, daß diese Bahn ohne Anschluß und daher eine speziell württembergische und keine deutsche ist?
>
> Nicht pünktlich um 11.52 Uhr, sondern erst geraume Zeit nach 12 Uhr ertönen die Böller jenseits des Tunnels als Signal von der Ankunft. Gleich darauf beginnt die Bürgerwehrartillerie auf dem Kienlesberg ihr Geschützfeuer."

Die Bahnlinie Friedrichshafen-Ulm (Südbahn)

Die Südbahn wurde von Anfang an als wichtige Teilstrecke des württembergischen Eisenbahnnetzes angesehen. Ihr wurde damals eine große Zukunft vorausgesagt. Sie sollte eine Konkurrenzlinie — im Zeichen einstiger Kleinstaaterei ein entscheidender Gesichtspunkt — zu der geplanten Augsburg-Lindau-Bahn und den badischen Bahnen werden. Mit anerkennenswertem Weitblick dachte man damals an die Vermittlung des Verkehrs zwischen dem Mittelmeer und der Nord- und Ostsee.

Um den Wettlauf mit Bayern und Baden um die Bahnstrecke an den Bodensee zu gewinnen und um sie ohne Zeitverlust fertigzustellen, wurde mit den Bauarbeiten an mehreren Abschnitten im Sommer 1847 gleichzeitig begonnen. Höchste Kraftanstrengungen auf württembergischer Seite waren nötig; sie gingen soweit, daß das ganze Eisenbahnmaterial, einschließlich der Lokomotiven und Wagen, von der damaligen Endstation der Hauptbahn Süßen mit Pferdefuhrwerken über die Alb nach Ravensburg transportiert werden mußten.

Von einer Streckenführung über Waldsee wurde abgesehen. Die von Vignoles am Kuhberg befürchteten Schwierigkeiten wurden dadurch gelöst, daß man die Donau in diesem Abschnitt in ein neues Bett legte und den Bahndamm durch das aufgeschüttete alte Flußbett führte. Somit konnte ein Anschneiden des Rutschhanges am Kuhberg vermieden werden.

Die Einführung in den Festungsbereich erfolgte durch die obere Stadtkehlmauer, das sogenannte Friedrichshafener Bahntor, das jedoch erst 1854 fertiggestellt wurde. Es war zunächst eingleisig angelegt. Eine abwerfbare Brücke führte über den vor der Mauer gelegenen Graben. 1878 wurde das Tor für ein zweites Gleis verbreitert, das jedoch ständig geschlossen blieb und 1904 mit der Wallniederlegung abgebrochen wurde.

Friedrichshafener Bahntor. Der 1854 gebaute Torbogen wurde beim zweigleisigen Ausbau durch drei Pfeiler mit zweiflügeligen Stahltoren ersetzt.

Friedrichshafener Bahnlinie mit linkem Flankenturm der Oberen Donaubastion.

Unter der Bauleitung von Oberbaurat Gaab wurde am 8. November 1847 die Teilstrecke Friedrichshafen–Ravensburg fertiggestellt, Ravensburg–Biberach folgte am 26. Mai 1849, und am 1. Juni 1850 wurde Ulm erreicht.

Doch die Arbeiten nahmen nicht immer einen ungestörten Verlauf. Als sie im Mai 1848 zwischen Erbach und Ulm eingestellt werden mußten, berichtete der Obmann des Bürgerausschusses Dr. Adam in einer Eingabe an das Finanzministerium:

„Es ist nicht zu verantworten, wie Ulm im Eisenbahnbau wieder hintangesetzt wird, nachdem fast die ganze Linie fertig ist und Millionen zum Teil verschwenderisch ausgegeben wurden. Wir wollen keinen Vergleich mit Stuttgart, dem ‚Schoßkind' der Regierung, sondern nur mit Heilbronn anstellen und den dortigen Hafen, das dortige Lagerhaus, die dortige Bahn und den dortigen Bahnhof mit all dem, was hiervon in Ulm zu sehen oder vielmehr noch nicht zu sehen ist, vergleichen, und wir haben Grund genug, uns über die stete Hintanstellung zu beklagen. Wir wünschen, daß diesen Klagen am rechten Ort endlich auch der rechte Nachdruck verliehen, und Ulm nicht immer, wie es beim Bundesfestungsbau der Fall war, gleichsam als fremdes Land behandelt werde."

Am Pfingstsonntag, 19. Mai 1850, war es dann so weit: Württemberg hatte den Wettlauf gewonnen. Dreimal täglich wurden Probefahrten nach Biberach durchgeführt. Doch die hohen Fahrpreise dämpften die Begeisterung der Bevölkerung. Während man für die Strecke Stuttgart–Cannstatt 4 Kreuzer zahlte, kostete die Fahrt Ulm–Erbach in der 3. Klasse 15 Kreuzer. Die ärmeren Stände waren daher von der Benutzung der Bahn bereits ausgeschlossen.

Die offizielle Eröffnung erfolgte am 1. Juni 1850. Die Baukosten betrugen 12 053 462 Gulden.

Zweigleisig wurde die Strecke in den Jahren 1906/11 ausgebaut.

Bautrupp beim zweigleisigen Ausbau der Südbahn

VT 60 am Einfahrtssignal aus Richtung Friedrichshafen. Rechts im Bild die 1927 als Behelfsbrücke gebaute Schillerbrücke (heute Adenauerbrücke).

Die Anbindung Ulms an das bayerische Streckennetz

Am 25. April 1850 schlossen Bayern und Württemberg einen Staatsvertrag mit dem Ziel, die Bahn München–Augsburg bis Ulm weiterzuführen. Hauptpunkte des Vertragswerkes waren:

Artikel 1.

Die Königlich Württembergische Regierung verpflichtet sich, nicht bloß die von ihr bereits beschlossene und in der Ausführung begriffene Eisenbahn von Stuttgart nach Ulm vollständig herstellen zu lassen, sondern auch für deren weitere Fortsetzung in östlicher Richtung Sorge zu tragen.

Die Königlich Bayerische Regierung verpflichtet sich dagegen als Fortsetzung der München-Augsburger Bahn von Augsburg aus eine Eisenbahn nach der Württembergischen Grenze bei Ulm auszuführen.

Artikel 2.

Im unmittelbaren Anschluß der beiderseitigen Bahnen soll in der Stadt Ulm, und zwar in der Art stattfinden, daß daselbst für die von Augsburg, Stuttgart und Friedrichshafen dahin führenden Eisenbahnen nur ein gemeinschaftlicher Bahnhof errichtet wird.

Ueber den Verbindungspunkt an der beiderseitigen Landesgrenze im Thalwege der Donau und den Anschluß der beiden Abtheilungen in horizontaler wie vertikaler Richtung, sowie über den zur Ueberschreitung der Donau nöthigen Brückenbau wird gemeinschaftlich von beiderseitigen Bautechnikern ein detaillirter Entwurf gefertigt und der Genehmigung der beiden Regierungen unterstellt werden.

Allen übrigen Bestimmungen rücksichtlich der speziellen Richtung der Bahn, sowie der Wahl der Stationsorte bleiben jeder der contrahirenden Regierungen bezüglich ihres Gebietes anheimgestellt.

Artikel 5.

Der Wechsel des beidseitigen Transportmaterials findet in dem Bahnhofe zu Ulm statt.

Der Königlich Bayerischen Betriebsverwaltung steht die Mitbenützung aller für den gemeinschaftlichen Dienst bestimmten Gebäude und Einrichtungen in diesem Bahnhofe, insbesondere der Einsteigshalle mit den dazu gehörigen Betriebslokalitäten, der Verladshalle, der Ladnungen und der Wasserleitung zu.

Artikel 6.

Die für den ausschließenden Gebrauch der Bayerischen Betriebsverwaltung in Ulm nöthigen Lokalitäten, insbesondere Räume zur Unterbringung der nöthigen Lokomotiven, Waggons und des sonstigen Betriebsmaterials, ein Niederlagen für Fourniturmaterial, dann die erforderlichen Lokalitäten für Unterbringung des Aufsichtspersonals werden nach vorgängiger näherer Feststellung durch die beidseitigen Behörden von der Königlich Württembergischen Regierung herzustellt werden.

Die Unterhaltung dieser Bauobjekte steht der Bayerischen Betriebsverwaltung zu.

Artikel 7.

Für die der Bayerischen Regierung zustehende Mitbenützung der Einsteig- und Ladhalle, dann der Packwagen-Lokalitäten, Lehnungen u. s. w. hat dieselbe keine Vergütung zu entrichten. Sie haftet jedoch für solche außerordentliche Beschädigungen, welche nicht durch Zufall oder den ordnungsmäßigen Gebrauch, sondern durch Verschulden ihres Personals allenfalls herbeigeführt werden könnten.

Artikel 14.

Der Tarif für die Strecke zwischen Neu-Ulm und dem Bahnhofe in Ulm soll den Betrag der in Bayern für die geringste Entfernung bestehenden Tarifsätze nicht übersteigen.

Am 26. Februar 1852 kommt es zur Ausschreibung der Arbeiten für die Donaubrücke mit einer Bausumme von 273 770 Gulden, die je zur Hälfte von Württemberg und Bayern zu tragen waren. Im März 1852 wurde mit dem Bau der Eisenbahnbrücke über die Donau begonnen. Ursprünglich hatte Etzel eine Gitterbrücke vorgeschlagen, man einigte sich aber auf eine Steinbrücke. Noch im März 1851 hatte die Festungsbehörde Einwände gegen den Bau einer massiven Brücke erhoben. Aus strategischen Gründen plädierte sie für einen hölzernen Oberbau. Die Bauarbeiten hatten zu verschiedenen Zeiten, besonders im August und September 1852, stark unter Hochwasser zu leiden.

Als am 26. September 1853 der erste Zug aus Richtung Augsburg in Neu Ulm (so die damals gültige bahnamtliche Schreibweise) eintraf, war die Brücke über die Donau noch nicht fertig. Die Weiterfahrt erfolgte mittels Pferdekutschen über die Herdbrücke für 30 Kreuzer pro Person.

Am 1. Mai 1854 konnte dann die aus Keupersandstein erbaute und nach den württembergischen und bayerischen Königen benannte Wilhelm-Maximilian-Brücke dem Verkehr übergeben werden.

Die Brücke hatte bei fünf Öffnungen über der Donau und zwei Nebenöffnungen eine Länge von 123 m und eine Breite von 8,55 m. Sie wurde bereits zweigleisig angelegt und auf bayerischer und württembergischer Seite flankierten je zwei mächtige Pfeiler

Eisenbahnbrücke über die Donau und Weißer Turm um die Jahrhundertwende

die Durchfahrt. Die zur Bundesfestungsanlage gehörenden Tore konnten mittels eiserner Flügel geschlossen werden. Am 24. April 1945 wurde die Brücke von deutschen Pionieren gesprengt.

Der Fahrplan 1854 sah zwischen Ulm und München in jeder Richtung vier Zugpaare vor. Die durchschnittliche Fahrzeit betrug für Eilzüge dreieinhalb Stunden und für Personenzüge fünf bis sechs Stunden.
Schon bald hatte die junge Bahnlinie ihr erstes aufsehenerregendes Ereignis, als am 21. Juli 1854 die gußeiserne Brücke über die Günz bei Günzburg unter einem Bahnzug zusammenbrach. Die Reisenden kamen mit dem Schrecken davon.
Der zweigleisige Ausbau der Strecke Augsburg–Ulm wurde im März 1892 abgeschlossen.

Vergebliche Versuche der Bahnhofsverlegung

Die Einführung der Linien Augsburg–Ulm (1854) und Kempten–Ulm (1862) und der Umstand, daß Bayern und Württemberg den Betrieb auf dem gemeinschaftlichen Bahnhof getrennt führten, hatte eine sofortige Erweiterung der Bahnhofsanlage zur Folge. In den Jahren 1854 bis 1863 wurden weitere Personen- und Güterzuggleise, ein bayerischer Lokomotiv- und Wagenschuppen sowie eine Umladehalle an der Schillerstraße gebaut.
Jede Bahn hatte den auf sie entfallenden Betrieb und Verkehr selbst zu führen. Obwohl es seit 1855 Vereinbarungen über die wechselseitige Benutzung der Wagen gab, fand ein Wagenübergang zwischen Württemberg und Bayern in Ulm nur dann statt, wenn die Wagen mit Gütern beladen waren, deren Umladung einen zu großen Aufwand erfordert hätte.

Durch die enge Auslegung der Wagenübergangsbestimmungen war die Leistungsfähigkeit des Bahnhofs stark beeinträchtigt. Erst vom 1. Juli 1860 an ließ man den Übergang württembergischer und bayerischer Wagen allgemein zu.
Aufgrund eines besonderen Dienstgemeinschaftsvertrags besorgte Württemberg vom 1. Dezember 1863 an den Betrieb auf dem Bahnhof allein. Ausgenommen hiervon war der bayerische Lokomotiv- und Fahrdienst, zu dessen Besorgung Bayern die an der Blau gelegenen Lokomotiv- und Wagenschuppen behielt.

Die damalige Erweiterung der Bahnhofsanlage bezog sich auf den Bahnbereich. Wie schon gesagt, bestand bis dahin als direkte Verbindung zwischen der Stadt und dem Westen die Blaubeurer Straße, die das nördliche Bahnhofsende über ein Gleis der Stuttgarter Linie schienengleich überquerte. Dieser Übergang wurde jedoch 1863 gesperrt und dafür weiter nördlich die Karlstraße bis zum Blaubeurer Tor angelegt. Die Stadt gab hierzu sogar einen Beitrag von 4000 Gulden in der Annahme, nunmehr eine dem freien Verkehr dienende Straße als direkte Verbindung des Stuttgarter Tores mit dem Blaubeurer Tor gewonnen zu haben. Doch mit der geplanten Einführung der Donaubahn sah die Eisenbahnverwaltung eine weitere Ausdehnung nach Norden und Westen als unausweichlich an.
Die vorgelegten Planunterlagen veranlaßten nun den Ulmer Handelsverein, am 29. November 1867 ein Ersuchen an die Stadt zu richten, man möge dafür eintreten, daß die Bahnhofserweiterung auf größere Dimensionen gebracht und eine Anlage geschaffen werde, die den künftigen Anforderungen genüge.
Diese Forderungen wiederum veranlaßten die Stadt, am 12. Dezember 1867 eine Petition an das für das Eisenbahnwesen zuständige Ministerium für auswärtige Angelegenheiten einzureichen. Die geplante Erweiterung des Bahnhofs solle einer nochmaligen Überprüfung unterzogen werden. In der Begründung heißt es unter anderem,

„... daß die Lage und Konstruktion des Bahnhofs, wie nunmehr allgemein zugestanden sei, eine mißlungene" wäre. Weiter wird erwähnt, daß auf dem Überweg der Karlstraße der Übelstand so groß sei, daß „... die daselbst aufgestellten Bahnwärter fast niemals mehr die Planken zur Absperrung der Straße herüberziehen, der Fußgänger, der Reiter und der Fahrende daher nur unter Gefahr seines und des Lebens seiner Gesellschaft und seiner Tiere den Übergang über die dort befindlichen Schienengleise bewerkstelligen kann".

Der der Petition beigeschlossene Abänderungsvorschlag sah vor, die geplanten siebzehn nebeneinander liegenden Gleise durch Seitenkurven aus ihrer Nord-Süd-Lage heraus in eine ihr entgegengesetzte zu bringen, um so eine Rückbildung auf die ursprüngliche Entwicklungslinie zu erreichen. Die Übergänge Karlstraße und Mohrenkopf sollten mit Ausnahme der Sperrzeiten für die Ein- und Ausfahrten der Züge vom Rangierverkehr nicht mehr berührt werden. Die Vorstell- und Abstellgleise sollten in den sogenannten Seitenkurven liegen. Somit wäre es möglich, die im Erweiterungsplan der Eisenbahnverwaltung vorgesehenen siebzehn nebeneinander liegenden Gleise um ein mehrfaches zu reduzieren und den Verkehrsbedürfnissen für eine lange Reihe von Jahren zu genügen. Daß damit eine Lösung der Probleme erreicht worden wäre, ist aus heutiger Sicht nicht vorstellbar.

Abänderungsvorschlag des Ulmer Handelsvereins

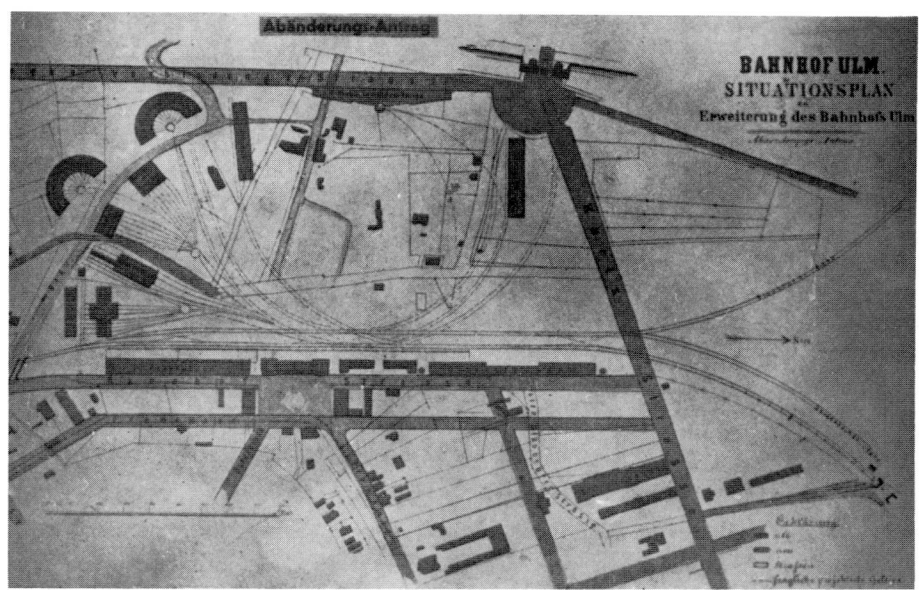

Offizieller Entwurf der Eisenbahnverwaltung für die Bahnhofserweiterung

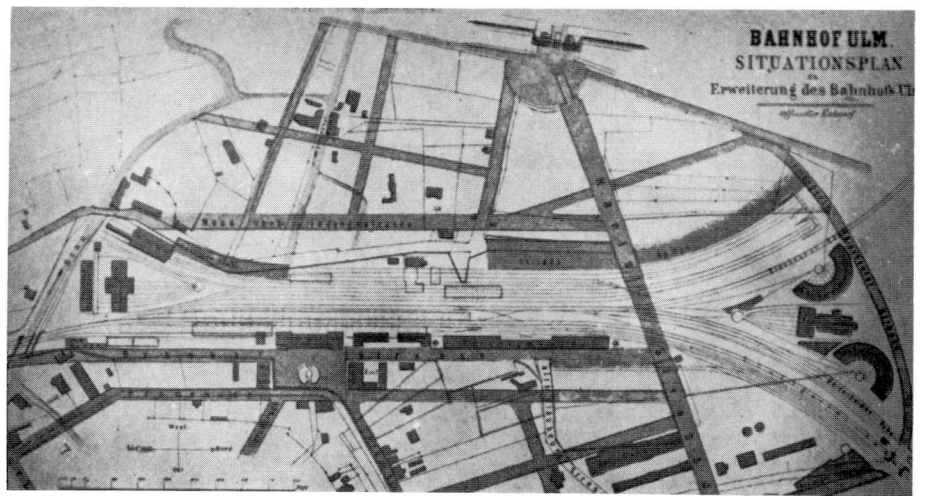

Eine Berücksichtigung des Vorschlags des Ulmer Handelsvereins seitens der Eisenbahnverwaltung erfolgte nicht, aber es ist doch bezeichnend, daß schon siebzehn Jahre nach der Eröffnung der Bahn der ernsthafte Versuch unternommen wurde, grundlegende städtebauliche Mißstände und Aufbaufehler auszugleichen.

Die Donaubahn von Ulm nach Sigmaringen

In seinem 1844 abgegebenen Gutachten über die Südbahn war Vignoles wegen der Schwierigkeiten bei der Umgehung des Kuhbergs mit der Streckenführung der Südbahn über Blaubeuren–Ehingen–Riedlingen ausgewichen.

Obwohl die Umgehung des Kuhbergs inzwischen glücklich gelöst war, gab es doch Stimmen, und zwar besonders in der 2. Kammer des Landtags, die für eine Linienführung von Erbach durch das Donautal nach Ehingen eintraten. Blaubeuren und Schelklingen sollten in eine von Ulm über Münsingen nach Reutlingen führende Bahn einbezogen werden. Mit Gesetz vom 13. August 1865 wurde dann die heutige Linienführung bestimmt.

Für gewisse Vorarbeiten konnte nun auf das seinerzeit stark umstrittene Projekt Vignoles zurückgegriffen werden. Auch Prittwitz hatte sich bereits im Juli 1849 für die nun vorgesehene Linienführung ausgesprochen, als er seinen Entwurf zu einer Eisenbahn zwischen Ulm und Basel veröffentlichte. Doch der Bruderkrieg zwischen Preußen und Österreich – Württemberg stand auf Österreichs Seite – stoppte das Bauvorhaben jäh.

Erst am 25. März 1867 erfolgte der erste Spatenstich beim Durchbruch des Festungswalls beim Werk VIII am Fuß des Kienlesbergs. Ein Doppeltunnel führte unter dem Festungswall hindurch. Jedes der beiden Gewölbe war 42,92 m lang und 5,07 m hoch. Der erste an der Mauer gelegene Brückenteil war abwerfbar und konnte bei Gefahr in wenigen Stunden abgebaut werden.

Am 2. August 1868 konnte der Streckenabschnitt Ulm–Blaubeuren eröffnet werden. Es folgten am

13. September 1869	Blaubeuren–Ehingen mit 16,43 km Streckenlänge,
10. Oktober 1869	Riedlingen–Mengen mit 17,19 km,
15. Juni 1870	Ehingen–Riedlingen mit 31,68 km,
13. November 1870	Mengen–Scheer mit 3,67 km,
26. Juli 1873	Scheer–Sigmaringen mit 6,64 km.

Der Ausbruch des Deutsch-Französischen Krieges 1870 – Württemberg war dem Norddeutschen Bund beigetreten – war Ursache für den Baustopp auf dem letzten Teilabschnitt. Erst mit Gesetz vom 12. April 1872 wurden für die Teilstrecke Scheer–Sigmaringen weitere Geldmittel genehmigt.

Der zweigleisige Ausbau von Ulm-Söflingen nach Herrlingen erfolgte in den Jahren 1937 bis 1939. Ursprünglich war geplant, das zweite Gleis bis Schelklingen zu verlegen, doch der Kriegsausbruch verhinderte dieses Bauvorhaben.

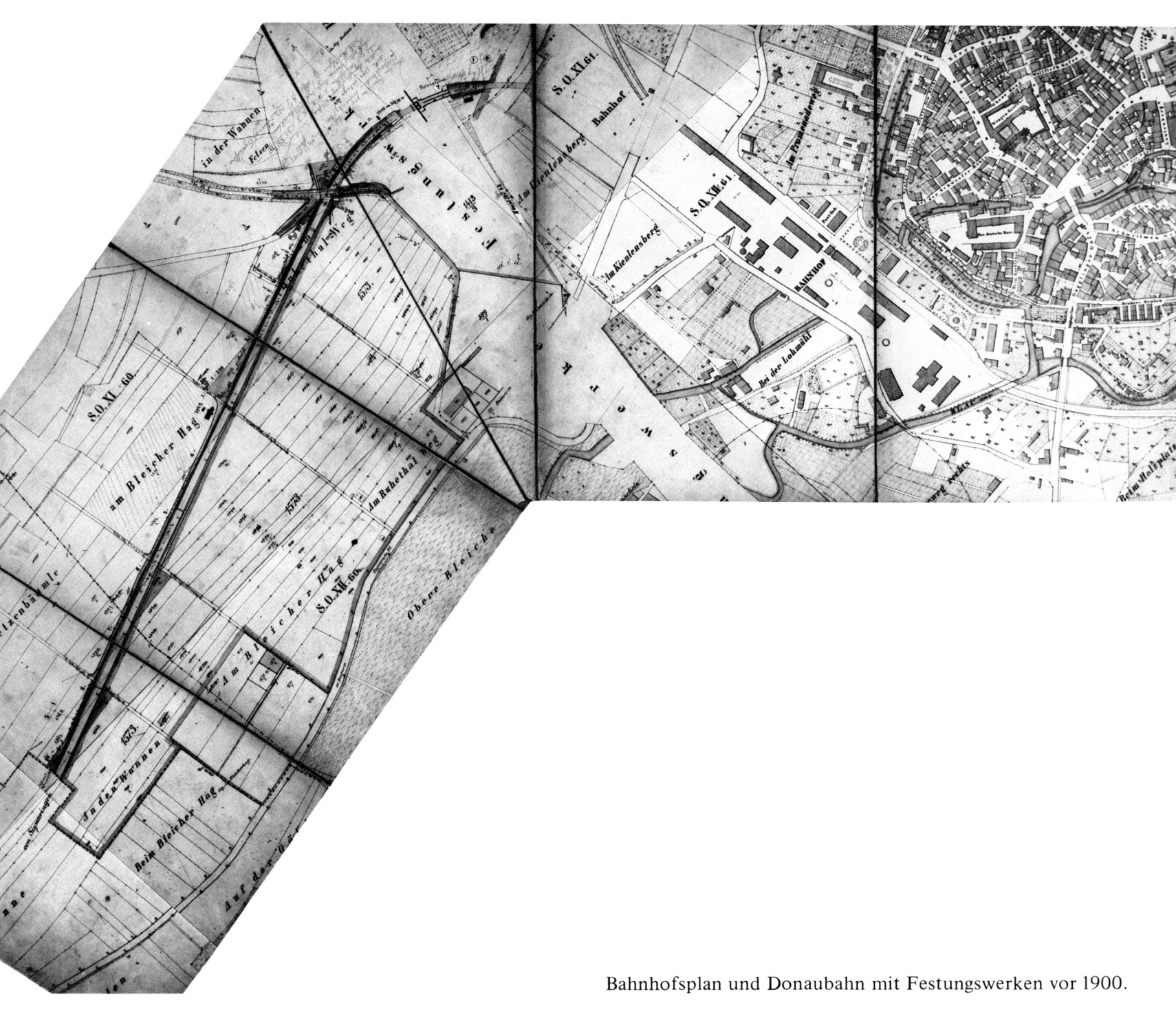
Bahnhofsplan und Donaubahn mit Festungswerken vor 1900.

Bauperiode 1867-1881

Die obige Abbildung zeigt die Bahnhofsanlage 1867 vom Kienlesberg her gesehen. In der Bildmitte der Bahnübergang der Karlstraße zum Blaubeurer Tor, links Güterschuppen und das Empfangsgebäude mit den Einsteigehallen. In Höhe der südlichen Einsteigehalle die Wagenremise, in Höhe der nördlichen Halle die alte Lokomotivremise.

Infolge der Einführung der Donaubahn und der damit verbundenen weiteren Ausdehnung nach Norden wurden die Zustände an dem schienengleichen Übergang der Karlstraße untragbar. Die Eisenbahnverwaltung beabsichtigte daher, diesen Übergang aufzugeben und dafür einen neuen Weg in Verlängerung der Neutorstraße unmittelbar am Fuß des Kienlesbergs, in der Höhenlage des jetzigen Gütergleises der Brenzbahn, anzulegen. Der Weg sollte die geplante Brenzbahn schienengleich überqueren und die Stuttgarter Linie unterführen.

Mit einem Aufwand von 85 000 Gulden wurde mit dem Bau dieser neuen Straße 1867 begonnen. Nach ihrer Eröffnung hielt sich die Eisenbahnverwaltung im Herbst 1870 zur Schließung des Übergangs Karlstraße (damals noch Staatsstraße) für befugt und hob die Straßenbefestigung einfach aus.

Zwischen der Straße am Fuß des Kienlesbergs und dem Übergang am Mohrenkopf war damit auf eine Länge von rund 1000 Meter keine Verkehrsmöglichkeit mehr über den Bahnhof vorhanden.

Dies war Anlaß zu heftigen Kämpfen über die Frage einer Überbrückung, die sich zwischen Stadtverwaltung und Festungsbehörde einerseits und Eisenbahnverwaltung andererseits abspielten und lange die Gemüter der Bevölkerung erregten.

Die Stadt hatte bei ihrem Kampf in den Militärbehörden des Festungsgouvernements starke Bundesgenossen, da aus militärischer Sicht eine Verbesserung der Verkehrsmöglichkeiten zwischen der Stadt und dem Westen notwendig war. Schon 1871 hatte das Festungsgouvernement den Bau von zwei Fußgängerstegen über den Bahnhof gefordert. Die geplante Einführung der Brenzbahn brachte die Frage der Überbrückung von neuem in Bewegung.

Die Mittelzuweisung von 3,5 Millionen zum Umbau der Bahnhöfe Ulm, Heilbronn, Bietigheim und Ellwangen gab dem Ulmer Abgeordneten Dr. Pfeiffer Gelegenheit, den Minister der Verkehrsanstalten zu fragen, ob in dieser Summe auch ein entsprechender Betrag für die Überbrückung des Ulmer Bahnhofs enthalten sei und er vertrat dabei die Ansicht, daß es Pflicht der Eisenbahnverwaltung sei, die durch sie geschaffenen Mißstände durch eine Überbrückung des Bahnhofs zu beseitigen. In seiner Erwiderung legte der Minister dar, daß sich die Eisenbahnverwaltung nicht habe davon überzeugen können, daß eine Überbrückung des Bahnhofs notwendig sei und daß eine Verpflichtung in dieser Richtung für die Eisenbahnverwaltung nicht bestehe. Die Eisenbahnverwaltung sei aber bereit, die Überbrückung auszuführen, wenn die Stadt einen entsprechenden Beitrag dazu leiste; die Stadt habe aber bis heute wenig Entgegenkommen in dieser Richtung gezeigt.

Im Mai 1872 machte das Gouvernement seine Zustimmung für die Einführung der Brenzbahn in die Festung von der Wiederherstellung einer Fahrstraße über den Bahnhof abhängig. Gegen diese Entscheidung wandte sich Ende November 1874 die Eisenbahnverwaltung mit einer eingehenden Denkschrift an das Reichskanzleramt in Berlin, in der dargelegt war, daß sowohl der private als auch der militärische Verkehr die Herstellung eines Übergangs über den Bahnhof erforderten. Die Notwendigkeit eines Übergangs sei eine Angelegenheit älteren Datums und könne daher nicht von der geplanten Einführung der Brenzbahn abhängig gemacht werden.

Anfang 1875 wurde die Eisenbahnverwaltung vom preußischen Kriegsministerium benachrichtigt, daß an der Bahnhofsüberführung als Bedingung zur Zulassung der Einführung der Brenzbahn nicht mehr festgehalten werde, man aber auf der Erhaltung der Straße am Fuß des Kienlesbergs bestehen müsse. Am 29. Mai 1875 erfolgte die Genehmigung. Damit war die Bahnhofsüberführung ausschließlich Sache zwischen der Eisenbahnverwaltung und der Stadt.

Oberbürgermeister von Heim trat nun sehr bald mit der Eisenbahnverwaltung in Verhandlungen und im April 1876 kam es zu einem Vertrag, wonach

1. die Eisenbahn beim Russischen Hof einen eisernen Fußgängersteg baut, der von ihr unterhalten wird und in ihrem Eigentum bleibt;

Blaubeurer-Tor-Brücke, erbaut 1876/77.
Länge 225,6 m, Breite 10 m.
Gewicht 1130 Tonnen.
Bauleitung: Bahnhofbauinspektoren Schaal und von Misani.

2. die Stadt von der Eisenbahn einen Beitrag von 290 000 Mark für den Bau der Blaubeurer-Tor-Brücke erhält. Die Unterhaltung der Brücke übernimmt die Gemeinde.

Am 30. Juni 1876 wurde die Beitragsleistung der Eisenbahn der Stadtkasse überwiesen. Bereits im Juli 1876 begannen auf der westlichen Seite die Bauarbeiten, im August wurde dann auch von Osten her begonnen. Dabei wurde der dort stehende Güterschuppen abgebrochen. Ohne Festlichkeiten wurde die Brücke im August 1877 dem öffentlichen Verkehr übergeben.

Die Baukosten der Brücke waren für die Stadt sehr günstig. Bei der Endabrechnung blieb ein Betrag von 25 000 Mark übrig. Dieser Überschuß sollte als Rücklage für die anfallenden Unterhaltungsarbeiten dienen. Doch die Stadt sollte daran keine lange Freude haben. Bereits 1881 senkte sich der östliche Pfeiler wegen mangelhafter Fundierungsarbeiten. Im eingeholten Gutachten von Professor Laissle von der Technischen Hochschule Stuttgart traten weitere Mängel zutage. Falsche Berechnung der Konstruktionsteile, mangelhafter Querverband in der oberen Gurtung und die Annahme ungenügender Werte für die Verkehrsbelastung waren die Ursachen.

Trotz fortwährender Ausbesserungsarbeiten mußte im Jahr 1910 die Brücke bei einer Tragfähigkeit von nur vier Tonnen für den schweren Lastenverkehr gesperrt werden.

Der von der Eisenbahnverwaltung zugesagte Fußgängersteg beim Russischen Hof wurde am 24. Januar 1877 dem Verkehr übergeben. Seine Länge betrug 135,8 m, die Breite 2,72 m. Die Baukosten beliefen sich auf 24 500 Mark.

Parallel zu den Streitigkeiten über den Bau der Blaubeurer-Tor-Brücke begann, als die Abänderungsvorschläge der Stadtverwaltung zum Entwurf über die Erweiterungspläne des Bahnhofs Ulm von 1867 verworfen wurden, eine hektische Bautätigkeit auf dem Bahnhofsgelände über einen Zeitraum von vierzehn Jahren.
1868 bis 1871 wurden die Lokschuppen in das Bogendreieck zwischen Haupt- und Donaubahn verlegt.
An der Neutorstraße entstanden Anlagen für die Equipagen- und auch für die Viehverladung.
Das Empfangsgebäude erhielt durch den Anbau von zwei Eckpavillons mit je 16,1 m Länge und 13,7 m Breite und einer eisernen Arkadenreihe gegen den Bahnhofsvorplatz eine Gesamtlänge von 75,2 m und 13,7 m Breite.
1872/74 wurden die eisernen Bahnsteighallen mit einer Überdachung von 3050 qm erstellt.
1874/75 kommt es zur Verlegung des Wagenladungsverkehrs auf die Westseite entlang der Schillerstraße. Der Stückgut- und Zollverkehr bleiben auf der Ostseite des Bahnhofs.
1877/78 werden die nordwestlichen Rangiergleise gebaut.
1879/80 erfolgt der Bau der südlichen Gleisanlagen.

Die Länge des Bahnhofs betrug nun zwischen den Endweichen gegen Stuttgart und gegen den Bahnhof Neu-Ulm 1000 m, die Breite zwischen Empfangsgebäude und Schillerstraße 128 m.

Empfangsgebäude nach dem Umbau im Jahr 1867

Die Bahnhofsfläche war im Süden durch die Ehinger Straße (Bahnübergang beim Mohrenkopf), im Westen durch die Schiller- und Wallstraße, im Norden durch die Neutorstraße und im Osten durch die Bahnhof- und Güterschuppenstraße begrenzt.
Die Bauleitung während dieser Bauperiode lag in den Händen von Baurat Würich und Bauinspektor von Misani.

Abbildung um 1885. Die Schiller-Kaserne, später Gallwitz-Kaserne des Feldartillerie-Regiments Nr. 49.
Im Vordergrund entlang der Schillerstraße die Holzverladeplätze nach der 1874/75 vorgenommenen Verlagerung des Wagenladungsverkehrs auf die Westseite des Bahnhofs.

Die Brenzbahn von Aalen nach Ulm

Über hundert Jahre ist es her, daß die letzte der nach Ulm führenden Bahnen dem öffentlichen Verkehr übergeben wurde. Am 5. Januar 1876 konnte mit der Fertigstellung des 16,1 km langen Abschnitts zwischen Langenau und Ulm das letzte Teilstück der insgesamt 72,7 km langen Brenzbahn in Betrieb genommen werden.

Der Grunderwerb war seinerzeit für einen zweigleisigen Ausbau vorgenommen worden, da bereits ab 1854 der Grundsatz galt, für wichtige Linien den Grunderwerb auch für das zweite Gleis vorzunehmen. Die erforderlichen größeren Kunstbauten wurden ebenfalls zweispurig ausgeführt.

Während durch die Remsbahn Cannstatt–Wasseralfingen am 25. Juli 1861 und Wasseralfingen–Landesgrenze–Nördlingen am 3. Oktober 1863 der Anschluß zur Landeshauptstadt hergestellt war, führte das Zugeständnis Bayerns mit dem Anschluß in Nördlingen zu dem am 21. Februar 1861 in München geschlossenen Staatsvertrag, dessen Artikel 37 Württemberg verpflichtete, „innerhalb eines Zeitraums von zwölf Jahren, vom Tage der Eröffnung der Cannstatter-Nördlinger Eisenbahn an, keine Schienenverbindung zwischen dieser Bahnlinie und der Cannstatter-Ulmer Eisenbahn herzustellen oder herstellen zu lassen, durch welche die württembergische Bahnlinie von Nördlingen bis Friedrichshafen kürzer würde als die bayerische Linie von Nördlingen bis Lindau". Anfangs hatte Bayern sogar an einer Sperrfrist von fünfzehn Jahren festgehalten.

Württemberg beugte sich diesem als „Brenzbahnklausel" in die Geschichte eingegangenen Diktat, zumal mit dem Anschluß an das bayerische Streckennetz in Nördlingen die großen Verkehrsströme von Leipzig und Nürnberg nach Südwestdeutschland auf die württembergischen Strecken geleitet und für Württemberg selbst die Kohlebecken in Böhmen und Sachsen zugänglicher wurden.

Der besagte Artikel 37 des Staatsvertrags verbot jedoch nicht den Bau der Bahn von Aalen bis Heidenheim. Dieser Abschnitt wurde bereits am 15. September 1864 eröffnet. Die Vorarbeiten für die Weiterführung begannen erst wieder 1872. Dem mit der Bauausführung beauftragten Oberbaurat Morlok standen zwei Projekte für die Trassenführung zur Wahl,

– entweder der Weg über die Ausläufer der Alb von Heidenheim über Herbrechtingen–Bissingen–Setzingen–Langenau–Göttingen–Albeck nach Ulm,
– oder, dem Tal folgend, über die Ortschaften des Brenztales Herbrechtingen–Giengen–Hermaringen–Sontheim–Niederstotzingen und Langenau.

Die geplante Streckenführung über Bissingen–Setzingen war auch der Grund, daß damals in der Nähe des Friedhofs in Langenau voreilig die Gastwirtschaft „Zur Eisenbahn" gebaut wurde, die heute noch besteht.

Obwohl das dem Tal folgende Projekt mit bedeutend höheren Ausgaben durch die unterhalb Heidenheims und den Abhängen zwischen Donau und Böfinger Halde gelegenen sumpfigen Moorböden verbunden war, jedoch die günstigeren Terrainverhältnisse aufwies und durch eine weit verkehrsreichere Gegend führte, wurde die Genehmigung für diese Linienführung erteilt. Die Zustimmung für die Überquerung des bayerischen Gebiets, den sogenannten Elchinger Zipfel, durch einen Eisenbahnkorridor zwischen Langenau und Ulm erfolgte in einem weiteren Staatsvertrag vom 8. Dezember 1872.

Blick von der Gaisenbergbastion auf die Brenzbahnlinie

Beim Streckenbau bis zur Stadtgrenze Ulms traten keine besonderen Schwierigkeiten auf; der Abschnitt von Heidenheim nach Niederstotzingen konnte am 25. Juli 1875, der von Niederstotzingen nach Langenau am 15. November desselben Jahres eröffnet werden.
So zügig die Arbeiten bis zum Festungsring vorangegangen waren, so zäh und langwierig waren die Verhandlungen über die Einführung in den Bahnhof selbst. Während nach dem Morlokschen Projekt die Bahn unmittelbar hinter der Karlskaserne und am Nordrand der heutigen Abstellgruppe nach Überquerung der Neutorstraße – ohne Untertunnelung – in den Bahnhof einmünden sollte, vertrat Generaldirektor von Dillenius den Weg hinter den Bierkellern mit einem Einschnitt am Veitsbrunnenweg und einer Untertunnelung der Stuttgarter Bahn sowie des Kienlesbergfelsens.

Obwohl von Dillenius' Vorschlag letztlich angenommen wurde, erfolgte die Eröffnung der Brenzbahn am 5. Januar 1876 auf einer provisorischen Linie nach dem Morlokschen Plan.
Die heutige Einmündung – seinerzeit als Millionengrube im Gespräch – wurde erst am 1. Juni 1877 in Betrieb genommen. Die alte Streckenführung wurde anschließend wieder zugeschüttet.
Die Eröffnung der Bahn wurde in umgekehrter Richtung durch eine feierliche Festfahrt nach Giengen/Brenz vollzogen, an der sich Verkehrsminister von Mittnacht, die Zivil- und Militärbehörden, die bürgerlichen Kollegien und eine Anzahl geladener Gäste beteiligten. In Giengen/Brenz wurden die Gäste durch ein vorzügliches Frühstück erfreut und mit einem herzlichen Willkommen durch Stadtschultheiß Wencher begrüßt. Nach halbstündigem Aufenthalt wurde die Rückreise nach Ulm angetreten, wo ein feierliches Bankett in der Bahnhofwirtschaft den bedeutsamen Tag beschloß.

Stuttgarter Tor um die Jahrhundertwende. Links im Bild durchbricht die Brenzbahnlinie den Festungswall mit einem 20 m langen Doppeltunnel (Werk XXII der Bundesfestung). Die eingleisige Brenzbahn führte über den Festungsgraben am Stuttgarter Tor, die heutige Heidenheimer Straße, und benutzte die Norddurchfahrt. – Bild rechts: Abbruch des Stuttgarter Tores der Brenzbahn im Jahr 1903; im Hintergrund die Untere Gaisenbergbastion. Im September 1907 wurde der Festungstunnel abgetragen.

Weitere Verbindungen der Brenzbahn mit Bayern

Nach dem Staatsvertrag zwischen den Königreichen Württemberg und Bayern vom 12. April 1905 war gemäß Artikel 8 beabsichtigt, „... auf bayerischem und württembergischem Gebiet eine Bahn von der Donau zum Brenztal, und zwar entweder zur Verbindung von Günzburg mit Niederstotzingen oder mit Sontheim an der Brenz oder von Gundelfingen mit Sontheim als normalspurige Nebenbahn herzustellen". Binnen sechs Jahren, von der Ratifikation dieses Staatsvertrags an gerechnet, sollte die Bahn in Betrieb genommen werden.

Obwohl die Stadt Niederstotzingen gewillt war, für das Eisenbahnprojekt den Grund und Boden auf ihrem Gebiet unentgeltlich abzugeben und einen Beitrag von 5000 Mark pro Kilometer in Aussicht stellte, kam es zum Bau der Linie Sontheim–Gundelfingen, die am 1. Mai 1911 eröffnet wurde.

Fahrplanauszug aus dem Eisenbahnkursbuch 1913

Ulm Hbf	ab	6.36	11.20	–	19.30
Sontheim	an	7.24	12.16	–	20.18
Sontheim	ab	8.06	12.19	18.40	20.23
Bächingen	ab	8.16	12.26	18.47	20.30
Gundelfingen	an	8.32	12.37	18.58	20.41
Gundelfingen	ab	6.30	11.15	16.05	19.33
Bächingen	ab	6.47	11.26	16.16	19.44
Sontheim	an	6.56	11.33	16.23	19.51

Bauperiode 1888–1891

Die allgemeine Zunahme des Verkehrs, die gestiegenen Anforderungen an die Pünktlichkeit und Sicherheit des Eisenbahnbetriebs, der auf verschiedene Stellen verteilte Güterabfertigungsdienst und der Mangel an Rangiergleisen erforderte aufs neue eine gründliche Umgestaltung der Betriebsanlagen im Ulmer Bahnhof.

Vor Baubeginn wurden jedoch die Betriebsverhältnisse mit Bayern im Staatsvertrag vom 10. Februar 1887 neu geregelt. Vom Zeitpunkt der Eröffnung der Verbindungsbahn Leutkirch–Memmingen (2. Oktober 1889) an sollte der Bahnhof Ulm seine Eigenschaft als württembergisch-bayerische Wechselstation verlieren. Nach dem folgenden Betriebsvertrag vom 22. Oktober und 12. Dezember 1889 wurde der Bahnhof vom 1. Januar 1890 an ausschließlich von der Königlich Württembergischen Eisenbahnverwaltung betrieben.

Zeugen der getrennten Betriebsführung sind heute noch die Gleise 25 bis 28, die auch als bayerische Gleise bezeichnet werden. Auch das ehemalige Gebäude Friedrich-Ebert-Straße 5 (vordem Hauffstraße 1), 1871 erbaut und 1979 der Spitzhacke zum Opfer gefallen, erinnerte bis vor kurzem noch an diese Zeit.

Ausdruck einer ausgeprägten Eigenständigkeit waren auch die verschiedenen Uhrzeiten. Die Mitteleuropäische Zeit gab es noch nicht, die Bahnhofsuhren gingen nach der jeweiligen Landeszeit. War es in Stuttgart und damit in Ulm 12 Uhr, so zeigte in München und somit in Neu-Ulm die Uhr bereits 12.10 Uhr. Es kam also vor, daß ein Zug von Stuttgart um 10.04 Uhr in Ulm ankam, aber um 10.00 Uhr bayerischer Zeit (gleich 10.10 Uhr württembergischer Zeit) nach München weiterfuhr. – Noch schwieriger war es am Bodensee. Dort galten in den fünf Uferstaaten fünf verschiedene Landeszeiten. Dies änderte sich erst am 1. April 1892, als die „MEZ" eingeführt wurde. An diesem Tag wurden alle Ulmer Uhren um 23 Minuten, die Neu-Ulmer um 13 Minuten vorgestellt.

Rechts im Bild die Brücke zum Veitsbrunnenwg, im Vordergrund die Abstellgleise des Ostbahnhofs.

Auffahrt zur Brücke am Veitsbrunnenweg, unterhalb des Kienlesbergfelsens die Trasse der damaligen Hauptstraße Nr. 7.

1888 wurde die Abstellgruppe im Ostbahnhof gebaut. Dadurch wurde die Verlegung der Neutor-/Kienlesbergstraße notwendig. Die Verlängerung der Neutorstraße überquerte nunmehr die Stuttgarter Linie schienengleich und führte mittels einer neuen Brücke über den Hals der Abstellgruppe Ostbahnhof und über die Brenzbahnlinie. Es war die 1888 erbaute ehemalige Fahrbrücke zum Veitsbrunnenweg. Anschließend mußte die Kienlesbergstraße aufgestockt und in die Höhe der heutigen Stuttgarter Gütergleise gelegt werden. Sie wurde über den Festungstunnel der Donaubahn geführt und mit einer steilen Rampe an die alte Wallstraße angeschlossen.

Empfangsgebäude nach dem Umbau 1889/90 mit dem von der Firma Schwenk gestifteten Schalenbrunnen.

1889/90 wurde am Empfangsgebäude eine gedeckte Vorhalle mit 42 m Länge und 8 m Breite angebaut und die Fahrkartenausgabe und Abfertigungskasse dorthin verlegt.

Gleichzeitig wurde das Erdgeschoß völlig umgestaltet; die Betriebsabteilung zog in den südlich erweiterten Eckbau, die Gepäckabfertigung und der Wartesaal 3. und 4. Klasse kamen in den nördlichen ebenfalls erweiterten Eckbau. Im Mittelbau wurden Wirtschaftsräume und ein Wartesaal für 1. und 2. Klasse eingerichtet.

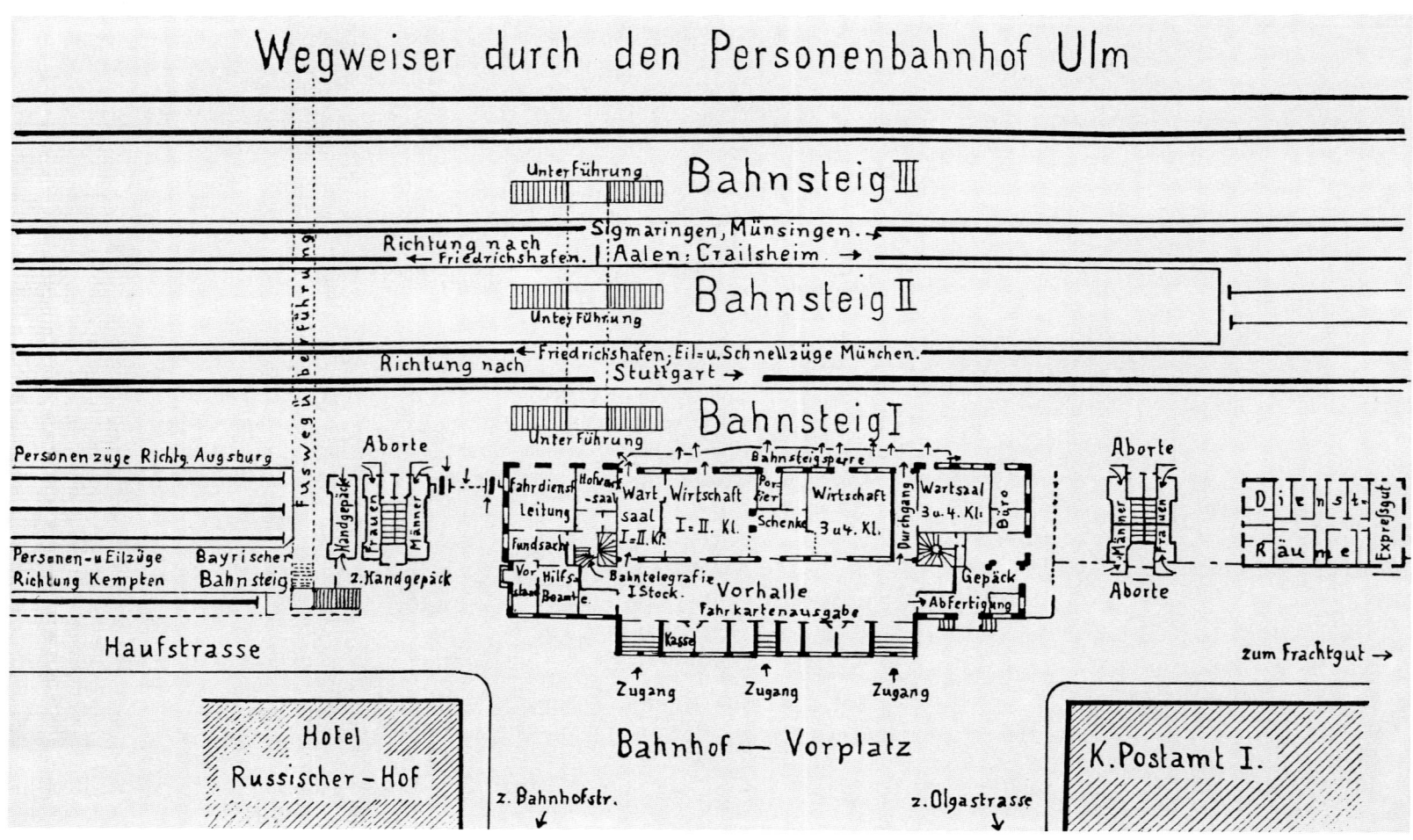

Für die Fernbedienung von Weichen und Signalen wurden fünf Stellwerksbuden erstellt. An der Schillerstraße entstand ein Maschinen- und Kesselhaus für die Stromerzeugung. Am 26. März 1889 erstrahlten die Bahnhofsanlagen zum erstenmal im Licht der elektrischen Beleuchtung (83 Bogenlampen, 702 Glühlampen).

1890/91 erfolgte der Bau der Bahnsteigunterführung zur Verbindung des Hauptbahnsteiges mit den beiden Zwischenbahnsteigen. Gleichzeitig wurde die Bahnsteigfläche auf 9684 qm ausgeweitet, davon waren 7248 qm durch eiserne Hallen überdacht.

Der Bahnhof wies zwischen den Endweichen gegen Stuttgart und Neu-Ulm eine Länge von 1113 m aus, eine Ausdehnung in die Breite erfolgte nicht. Trotzdem waren nunmehr 22 Gleise verlegt, wobei vier Gleise für Reisezüge, fünf Gleise für Güterzüge und dreizehn Gleise für den Rangierdienst vorgesehen waren.

Die Gesamtgleislänge betrug 38,08 km, von 206 Weichen waren 141 fernbedient. Die Gesamtfläche der Bahnhofsanlage betrug rund 29 Hektar.

Die Gesamtkosten dieses Bahnhofsumbaus betrugen 2 600 000 Mark. Die Bauleitung lag in den Händen von Baurat von Misani und Bauinspektor Haas.

Bild: Am 1. Juli 1892 besuchte das württembergische Königspaar die Stadt. Im Hintergrund in der Bildmitte der Fußgängersteg von 1877 und daneben die Gleise des bayerischen Bahnhofs.

Unter- oder Überführung am Mohrenkopf?

Bis zum Jahre 1888 überquerte die Bahn die Staatsstraße von Ulm nach Ehingen und Friedrichshafen auf drei Gleisen, von denen das äußere Gleis nach Friedrichshafen, die beiden inneren stadtseitigen Gleise nach Neu-Ulm führten. Der Bahnhofsbereich endete beim Straßenübergang. Der Rangierverkehr berührte den Überweg nicht mehr. Obgleich schon damals eine große Zahl von Zügen den Übergang befuhr, war die Beeinträchtigung des Straßenverkehrs noch nicht so schwerwiegend, daß Abhilfemaßnahmen notwendig wurden.

Mit dem rasch zunehmenden Eisenbahnverkehr reichten die vorhandenen Rangiergleise allerdings nicht mehr aus. Eine Ausdehnung über den Straßenübergang am Mohrenkopf wurde notwendig. Es war geplant, zwei weitere Gleise über die Straße hinaus zu legen. Die Generaldirektion stellte deshalb am 7. April 1888 an die Ministerialabteilung für den Straßen- und Wasserbau die Anfrage, wie sie sich zu diesem Vorhaben verhalte. In der Erwiderung vom 12. Mai 1888 hieß es, es würden keine Einwände geltend gemacht, wenn die Verbreiterung des Bahnübergangs auf der stadtauswärts liegenden Seite erfolge. Weitere Bedingungen waren an die Zusage zum Bau dieser beiden Gleise nicht geknüpft worden.

Bald nach ihrem Einbau begann ein lebhafter Rangierbetrieb, der im Zusammenhang mit der fortschreitenden Ausdehnung der Stadt jenseits des Bahnhofs zu so erheblichen Wartezeiten des Fuhrwerks- und Fußgängerverkehrs führte, daß die Notwendigkeit einer Abhilfe sehr bald erkannt wurde. Zunächst bat die Stadt um Herstellung eines erhöhten Fußsteges über die Gleise. Aus den Berichten der Stadtverwaltung an die Königliche Generaldirektion der Staatseisenbahnverwaltung sowie an die Königliche Straßenbauinspektion geht die Dringlichkeit einer Verbesserung der Verkehrsverhältnisse deutlich hervor.

So wurde festgestellt, daß bei einer Beobachtungszeit von zehn Stunden (an einem Tag) der Übergang 3 Stunden und 36 Minuten geschlossen war, wobei die einzelnen Sperrungen 2 bis 15 Minuten dauerten. Aber allein schon die außerordentliche Gefährlichkeit dieses Übergangs bei steigendem Eisenbahn-, Fuhrwerks- und Fußgängerverkehr hätte die Staatsverwaltung zwingen müssen, Abhilfe zu schaffen. Erst im März 1890 wurde beim Bau einer Signalanlage beim Mohrenkopf eine Fußgängerüberführung angelegt, die aber in einem Schreiben der Stadtverwaltung an die Königliche Generaldirektion mit Recht als „ein ganz und gar unzureichendes Stückwerk" bezeichnet wurde. Auf fortgesetztes Drängen der Stadtverwaltung erklärte sich das Ministerium des Innern im März 1892 zu Verhandlungen über den Bau einer Unterführung bereit.

Die Frage einer Überführung wurde erst später von einem Bürgerausschußmitglied aufgeworfen und von der Eisenbahn- und Straßenbauverwaltung aufgegriffen. Trotz eines einstimmigen Beschlusses der bürgerlichen Kollegien vom 10. Oktober 1893 für den Bau einer Unterführung, ließ sich das Ministerium des Innern nun von dem Plan der Überführung unter Androhung der Beitragsverweigerung zu den Kosten einer Unterführung nicht abbringen.

Auch nach Einholung von Projekten über Unter- und Überführungen von bewährten Fachleuten, dem damaligen Oberbaurat Schübler aus Straßburg und dem Stadtbaurat Kölle aus Stuttgart, erklärte sich der Gemeinderat am 16. November 1894 mit fast allen gegen lediglich eine Stimme für eine Unterführung, für deren Ausführung die Stadt einen Beitrag in Aussicht stellte. Jedoch auch dies machte keinen Eindruck auf

Bahnübergang am Mohrenkopf.
Links im Bild die 1890 gebaute
Fußgängerüberführung.

die Staatsverwaltung, da sie „nach wie vor auf dem Standpunkt steht, daß gegen sie ein erzwingbarer Anspruch auf Abhilfe des Mißstandes nicht vorhanden" sei.
Im März 1896 gab dann das Königliche Ministerium der Stadt drei Projekte zur Auswahl, zugleich mit der Aufstellung einer vergleichenden Kostenrechnung, nach welcher die Stadt beim eventuellen Bau der Unterführung (Baukosten 500 000 Mark) die Mehrkosten gegenüber der Überführung (Baukosten 300 000 Mark) zu tragen hätte plus einem angemessenen Beitrag zu den Kosten der Überführung. Demnach hätte die Stadt 200 000 Mark und einen zusätzlichen Beitrag zur Überführung zahlen müssen. Hierbei ist jedoch zu beachten, daß für die Überführungsbrücke eine Breite von 9 m angenommen war, während für die Unterführung 15 m zugrundegelegt wurden. Neben diesen „finanziellen Vorteilen der Überführung" für die Stadt wurde vom Ministerium betont, daß die Staatsverwaltung „lediglich auf Grund der Resultate der angestellten Untersuchungen an einer Überführung festhält".
Um die Stadt von dem Plan einer Unterführung abzubringen, stellte die Eisenbahnverwaltung außerordentlich erschwerende Bedingungen für deren Ausführung. So erhöhte sie die anfänglich auf 22 m festgesetzte Unterführung auf eine Länge von 37 m; ferner verlangte sie unbedingt einen Anschluß an die Hauffstraße, der überflüssigsten Straße der ganzen Stadt, der allein 109 000 Mark gekostet hätte; weiterhin drohte

sie mit der Verweigerung jeglichen Beitrags zu den Kosten einer Unterführung und zuletzt erklärte sie, nur unter der Voraussetzung auf weitere Verhandlungen einzugehen, wenn die Stadt die Überführung annehme und ein Drittel der Baukosten trage. So zogen sich die Verhandlungen hin, bis endlich am 17. Januar 1901 die bürgerlichen Kollegien diesem Druck nachgaben und den Beschluß faßten, „angesichts der entschiedenen Weigerung der Regierung, auf eine Unterführung einzugehen, auf dieselbe zu verzichten und sich für eine Überführung zu erklären, einen kleineren Beitrag zu leisten, 15 m Breite zu verlangen und endlich den seitherigen Fußsteg am Mohrenkopf beizubehalten".

In der Erwartung, daß die Überführung nun sofort in Arbeit genommen werde, sah sich die Stadt jedoch getäuscht. Außerdem suchte die Regierung das Überführungsprojekt mit 4 Prozent Steigung der Stadt aufzuloben (welche Steigung nebenbei die Regierung selbst bei einem Unterführungsprojekt als entschieden zu stark zurückwies und nicht mehr als 3,5 Prozent zulassen wollte). Darauf ging der Gemeinderat am 23. Oktober 1902 unter Androhung der Entziehung des Beitrags von 100 000 Mark nicht ein und erklärte sich allerhöchstens mit einem Projekt von 3,76 Prozent Steigung einverstanden. Im Januar 1903 wurde vom Ministerium das Projekt mit einer Steigung von 3,76 Prozent genehmigt und im März 1903 mit den Arbeiten begonnen. Am 1. Oktober 1904 wurde der schienengleiche Übergang am Mohrenkopf geschlossen und die Überführung dem Verkehr übergeben.

Ein Beweis für die Nichtigkeit der Gründe der Staatsverwaltung bei der Ablehnung der Unterführung am Mohrenkopf war der im Jahr 1913 fertiggestellte Bau einer solchen Unterführung für Fußgänger und Handkarren.

Brücke am Mohrenkopf, später Zinglerbrücke nach dem königlich-preußischen General der Infanterie von Zingler, Gouverneur der Bundesfestung von 1893 bis 1899. Brückenbreite 15 m. Gewölbehöhe 5,3 m. Gewicht der Eisenkonstruktion 206 Tonnen. Die beiden Widerlager haben einen Abstand von 34,35 m. Das östliche Widerlager, das zugleich das westliche Widerlager der Kobelgrabenbrücke bildet, ist unmittelbar auf Felsbänke des weißen Jura gegründet. Der auf Granitquadern aufgesetzte eiserne Oberbau der Brücke hat eine Stützweite von 35,6 m. Die beiden Hauptträger der Brücke sind 9,2 m voneinander entfernt.

Initiativen der Stadt zur Umgestaltung des Bahnhofs

Die Diskussion um den unglücklich gewählten Standort des Bahnhofs ist bis Ende des 19. Jahrhunderts nie verstummt, im Gegenteil. Um die Jahrhundertwende kam ein neuer Gedanke auf, nämlich den Bahnhof um vier Meter höher zu legen. Diese Auffassung vertrat der Stuttgarter Stadtbaurat Kölle zusammen mit dem Gutachter Professor Baumeister aus Karlsruhe. In ihrem Gutachten legten sie dar, daß eine Höherlegung um vier Meter für ausreichend erachtet werde. Die dabei notwendigen Unterführungen sollten 1,5 m unter Schienenhöhe gelegt werden, um Durchfahrten von 4,5 m zu erreichen.

Die Sachverständigenkommission in Frankfurt am Main, welche die Erweiterungspläne zu begutachten hatte, äußerte sich im März 1901 über die Ulmer Eisenbahnfrage wie folgt:

„Die Kommission bleibt auf dem Standpunkt stehen, daß die Höherlegung des Personenbahnhofs die einzig richtige Lösung der Schwierigkeiten bildet, welche durch die Kreuzung des Straßen- und Eisenbahnverkehrs erwachsen und ist der Meinung, daß der Zeitpunkt der Höherlegung über kurz oder lang eintreten wird. Da aber die Eisenbahnverwaltung vorläufig noch die diesfallsigen Maßregeln ablehnt, so muß das Stadterweiterungsprojekt tunlichst so angelegt werden, daß die Kreuzungen zwischen Straßen und Eisenbahn sowohl auf den jetzigen als auch den künftigen Zustand des Personenbahnhofs und seiner Zufahrtslinien passen. Den vorstehend angegebenen Standpunkt hält die Kommission fest, wenngleich zunächst gewisse Maßregeln zur Erleichterung des Straßenverkehrs durchgeführt werden müssen, welche die Höherlegung des Personenbahnhofs einigermaßen präjudizieren. Dahin gehört die demnächst zur Ausführung kommende Straßenführung beim Mohrenköpfle. Wir glauben, daß die diesfallsigen Kosten kein Hindernis für eine künftige Höherlegung des Personenbahnhofs bilden, weil sie im Verhältnis zu den dann eintretenden Ausgaben unerheblich sind."

Alle diese Vorschläge und Vorstellungen wurden von der Generaldirektion der Königlich Württembergischen Staatseisenbahnen abgelehnt. Die Eisenbahnverwaltung vertrat entgegen der Meinung der Stadt die Ansicht, daß eine Höherlegung keine Verbesserung, sondern eher eine Verschlechterung für den Verkehr herbeiführe. Unter anderem teilte sie der Stadtverwaltung mit, daß für sie das Bedürfnis einer Veränderung des Bahnhofs nicht vorliege, weil sich die Kosten auf mindestens zwölf Millionen Mark belaufen würden.

Nachdem die Pläne für die Höherlegung gescheitert waren, sah die Stadt in einer Verlegung des Bahnhofs noch weitaus günstigere Voraussetzungen für die künftige Stadtentwicklung. Die Auflassung der Stadtumwallung ermöglichte eine großzügige Erweiterung nach Westen. Der Personenbahnhof sollte zusammen mit dem geplanten Rangierbahnhof vor das Blaubeurer Tor gelegt werden. Hierbei war eine Umfahrung Neu-Ulms vorgesehen. Die Augsburger und die Friedrichshafener Linie sollten durch einen Tunnel am Kuhberg geführt werden und der Vorort Söflingen mit dem künftigen westlichen Stadtteil einen Südbahnhof in der Gegend der heutigen Königstraße erhalten.

Doch auch dieser Vorschlag scheiterte an der Weigerung der Eisenbahnverwaltung, die Kosten zu tragen.

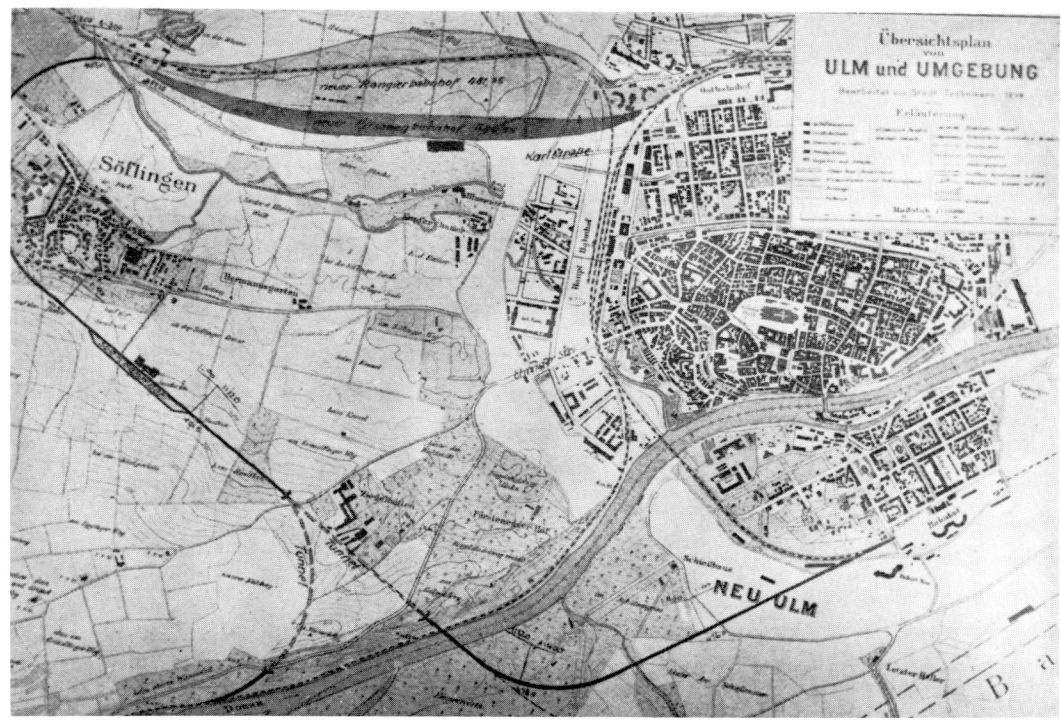

Ein jahrzehntelanger Kampf zwischen Stadt und Eisenbahnverwaltung, gravierende städtebauliche Fehler, die zur Trennung des Stadtgebiets in zwei Hälften führte, auszugleichen und eine einheitliche Entwicklung zu erreichen, war zuungunsten der Stadt entschieden worden. Die Resignation des Oberbürgermeisters von Wagner verdeutlichten die Worte in der Stadtratssitzung vom 18. Januar 1906: „Tua culpa, tua maxima culpa (Deine Schuld, deine allergrößte Schuld)."

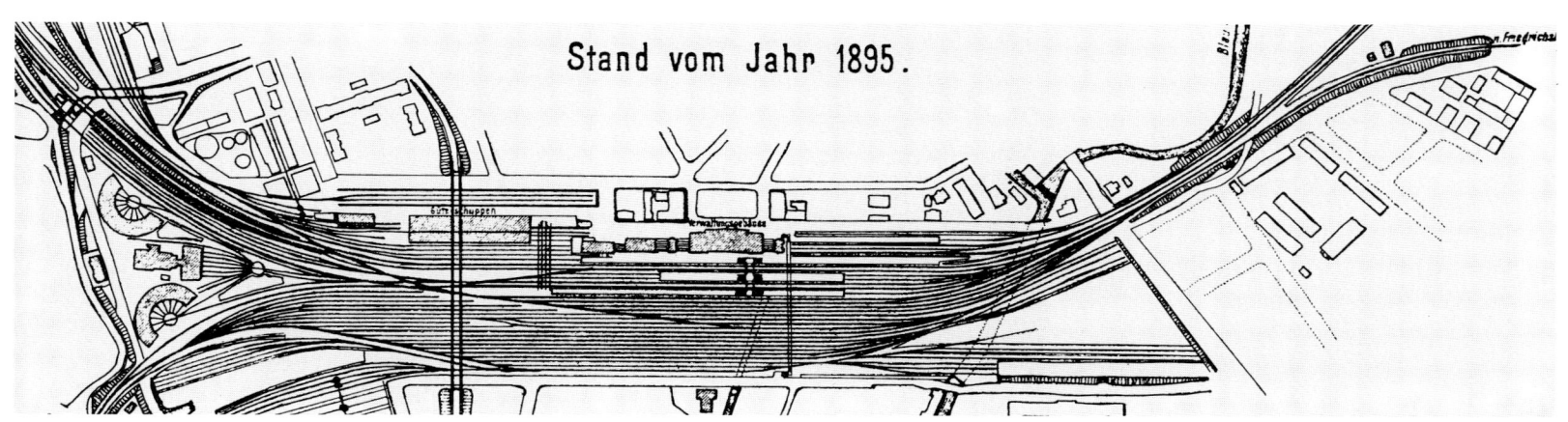

Bahnhofvorplatz und Ladestraße um 1900. In der Bildmitte das Postgebäude mit der 1895 nach rückwärts durchgeführten Erweiterung. Von links unten nach rechts oben diagonal verlaufend die Uhlandstraße mit ihrer Fortsetzung zur Promenade.

Bahnhofvorplatz im Jahr 1904. Links das Bahnhofshotel, rechts das Hotel „Russischer Hof", 1854 von Heimerdinger erbaut. Im Zuge der neubarocken Strömung erhielt das Hotel 1910 einen pilasterbelegten Mittelteil mit neubarockem Giebel.

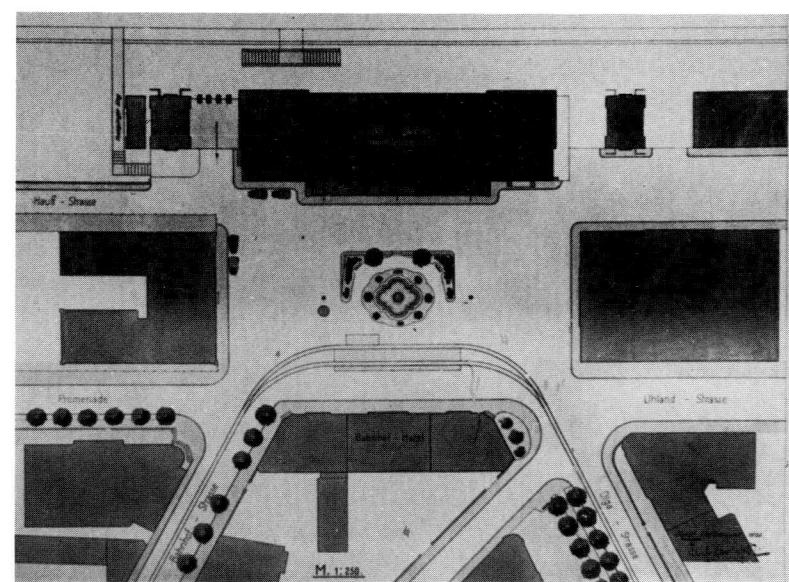

Bahnhofvorplatz um 1905.

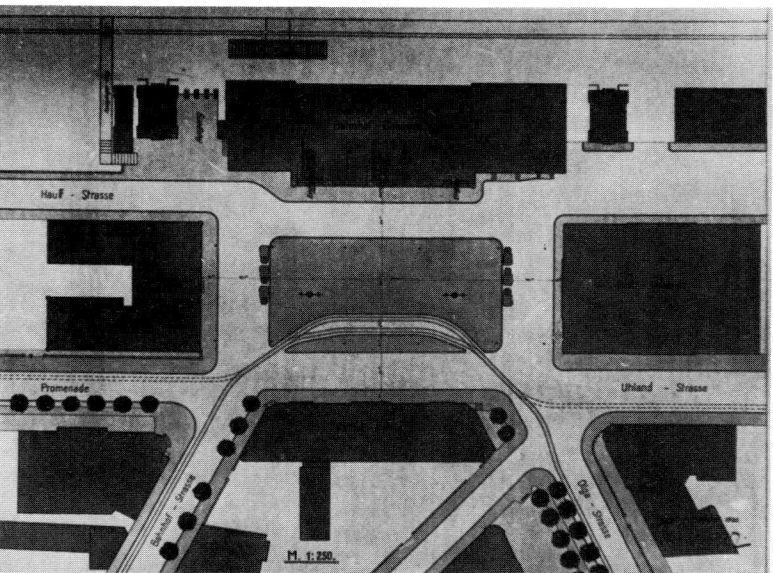

Bahnhofvorplatz um 1925. Schalenbrunnen und Grünanlagen mußten einem plattenbelegten Platz weichen.

Empfangsgebäude von der Stadtseite, etwa 1920.

61

Bau eines Rangierbahnhofs für Ulm

Die damalige Güterbehandlungsanlage platzte aus allen Nähten. Waren die bisherigen Erweiterungsmaßnahmen für die Bahnhofsanlagen immer innerhalb der Grenzen der Bundesfestung geblieben, so war mit dem Ankauf des Festungsgeländes durch die Stadt im Jahr 1900 (Vertrag vom 5. Dezember 1899 und 23. Februar 1900) ein Gelände von 478 Hektar vom seitherigen Bauverbot befreit. Eine Ausdehnung nach Westen konnte erfolgen; sie war für die Betriebsführung unabdingbar.

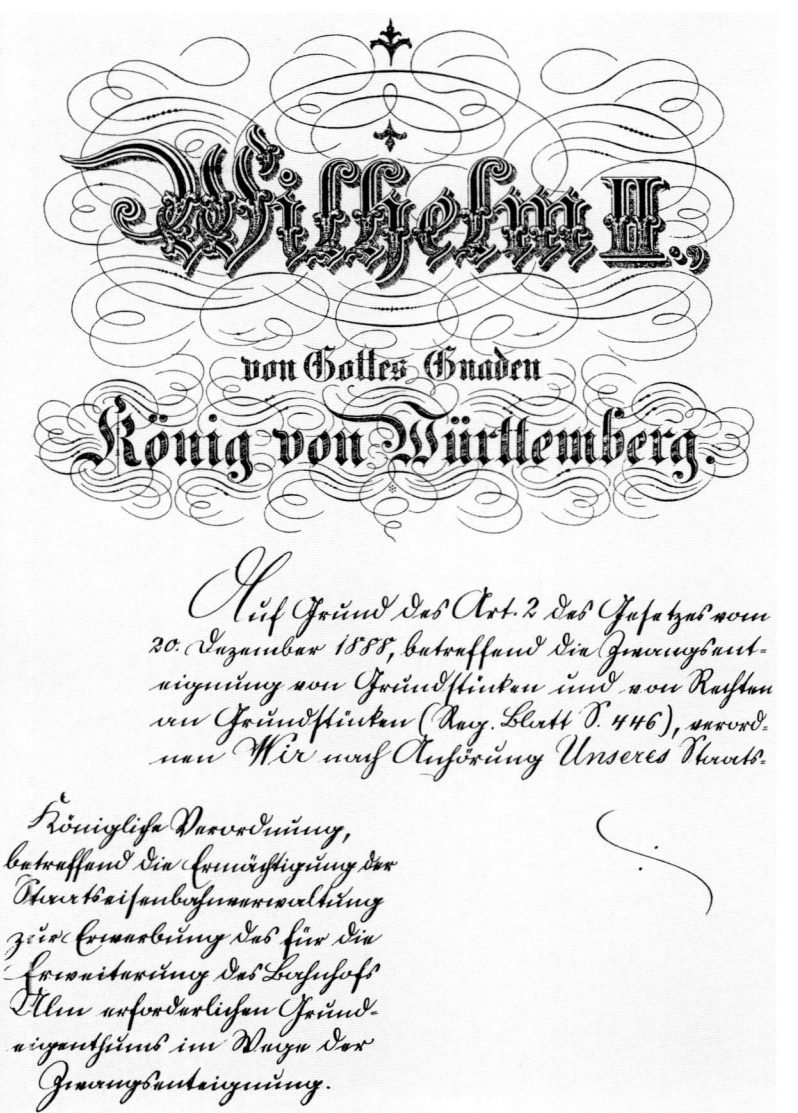

Ermächtigung für die Staatseisenbahnverwaltung, die für die Erweiterung des Bahnhofs (Bau eines Rangier- und Güterbahnhofs) erforderlichen Grundstücke im Wege der Zwangsenteignung zu erwerben.

Der Anfang 1903 genehmigte Plan für die Bahnhofserweiterung sah die Anlage eines Rangier- und Güterbahnhofs auf dem Gelände jenseits der bisherigen Stadtumwallung bis zur Blau beim Bahnhof Söflingen vor. Dabei war die bisherige Trasse der Donaubahn gegen Norden zu verlegen. Für die direkte Ein- und Ausfahrt der Güterzüge von der Haupt- und Brenzbahn waren Verbindungsgleise zum neuen Rangierbahnhof herzustellen. Das Verbindungsgleis von der Hauptbahn sollte den Kienlesberg in Höhe der noch bestehenden Straße umfahren und sich nach Überquerung der Donaubahn mittels einer Brücke in den Rangierbahnhof hinabsenken. Das Verbindungsgleis von der Brenzbahn müßte die Hauptbahn unterfahren, sich am Fuß des abzutragenden Kienlesbergs entlangziehen und in das verlegte Gleis der Donaubahn einmünden. Die Gütergleise der Süd- und Bayerischen Bahn wären auf die Westseite des Personenbahnhofs zu legen und in den Rangierbahnhof einzuführen. Die neu trassierte Donaubahn sollte durch von der Stammlinie westlich des Bahnhofs Söflingen abzweigende Gleise mit dem Rangierbahnhof verbunden und der Bahnhof Söflingen auf die Nordseite verlegt werden. – Ohne nennenswerte Änderungen kam dieser Plan zur Ausführung. –

Allein für den Grunderwerb von 71 Hektar waren bei Quadratmeterpreisen von 2 bis 8 Mark 3 890 000 Mark erforderlich. Privates Spekulantentum, das seit Beginn der neunziger Jahre des vorigen Jahrhunderts einsetzte, als die voraussichtliche Wallniederlegung und die Verlegung des Rangier- und Güterbahnhofs in dieses Gelände bekannt wurde, war Ursache für die hohen Differenzen bei den Quadratmeterpreisen.

Neutorbrücke im Bau

Nicht zu trennen vom Bau des neuen Rangierbahnhofs waren die mit der Stadt zu klärenden Fragen für die weitere Verbesserung der Verbindungswege. In den Jahren 1904 bis 1908 mußten von der Eisenbahnverwaltung mit einem Kostenaufwand von 1,6 Millionen Mark die Wallstraßen-, die Neutor-, die Beringer- und die Lupferbrücke gebaut werden. Entlang des Nordrandes zum künftigen Rangierbahnhof legte die Eisenbahnverwaltung sogar eine 1100 m lange Straße an (Weiterführung der Kienlesbergstraße zum Bleicher Hag).

Die direkte Einführung der Gütergleise der Haupt- und der Brenzbahn in den Rangierbahnhof machte eine Verlegung der südlichen Auffahrt (Veitsbrunnenbrücke) zum Kienlesberg und der dort entlang führenden Hauptstraße Nr. 7 erforderlich. Die Straße mußte um 8 m höher gelegt und auf ihrer ganzen Länge gegen den Berg gerückt werden. Der historische Platz, an dem Napoleon am 20. Oktober 1805 nach der Schlacht bei Oberelchingen die Parade der geschlagenen österreichischen Armee unter Feldmarschall-Leutnant Mack abnahm, mußte dabei verschwinden. Auf jenem Felsen fand 1812 als Folge der Kontinentalsperre auch eine Verbrennung eingeführter englischer Waren statt.

Im Anschluß an die neue Kienlesbergstraße wurden die Gleise der Stuttgarter Linie, der Brenzbahn und der Abstellgruppe des Ostbahnhofs durch die Neutorbrücke überführt und dadurch eine günstige Auffahrt zum Michelsberg geschaffen. Der ganze Straßenzug konnte im Frühjahr 1908 dem Verkehr übergeben werden.

Neutorbrücke.
Erbaut 1906/07. Länge 112 m, Breite 11,6 m. Die Eisenkonstruktion ruht auf acht Lagern und hat drei Stützweiten von 2 x 28 m und 1 x 54 m. Gewicht der Eisenkonstruktion 600 Tonnen. Baukosten 243 000 Mark. Pfeiler und Eisenkonstruktion sind Eigentum der Eisenbahn; ihr obliegt auch die Unterhaltungspflicht. Für die Fahrbahn selbst hat die Stadt zu sorgen.

Auf dem rechten Bild links von der Neutorbrücke die Brücke zum Veitsbrunnenweg.

Im Januar 1903 erfolgte der erste Spatenstich für die Bahnhofserweiterung mit dem Durchbruch am Festungswall zur Donaubahn. Der bestehende Tunnel unter dem Festungswall reichte für die Anbindung des Rangierbahnhofs nicht aus. Weitere Verbindungsgleise waren erforderlich.

Das zwischen Donaubahn und Blaubeurer Straße stehende Glaciswäldchen wurde abgeholzt. Der Wallgraben wurde aufgefüllt und die darüber führende Brücke abgebrochen. Die Gleise der Donaubahn mußten über die Auffüllung verlegt werden.

Ein Großteil des Walls blieb aber als eine gegen Süden abgeschrägte Rampe als Auffahrt zur Wallstraßenbrücke bestehen. Während der Bauarbeiten blieb der Doppeltunnel ohne Erdummantelung unter der Brücke stehen; dadurch wurde der Bahnverkehr nicht behindert.

Lehrgerüst an der Wallstraßenbrücke.
Das Lehrgerüst ruht auf 104 eisernen mit Quarzsand gefüllten Töpfen. Beim Ablassen des Gerüsts im Juli 1905 senkte sich das Betongewölbe im Scheitel um 8 mm; an den beiden Widerlagern wurde ein Ausweichen von 3 bzw. 2 mm festgestellt. Kosten für das Lehrgerüst 24 000 Mark.
Links im Bild der ehemalige Doppeltunnel durch den Festungswall, der im Februar 1906 abgebrochen wurde.

Wallstraßenbrücke.
Überbrückung der Verbindungsgleise zum Rangierbahnhof und der Streckengleise nach Sigmaringen durch einen von der Fachwelt bestaunten Betonbogen mit 65,5 m lichter Weite. Erbaut 1904/05 von der Königlich Württembergischen Eisenbahnverwaltung. Bauleitung Oberbaurat Neuffer und Eisenbahnbauinspektor Lupfer.
Bauausführung als Betongelenkbrücke, das größte derartige Bauwerk in Württemberg. Das Gewölbe ist in Stampfbeton zwischen zwei Kämpfer und einem Scheitelgelenk ausgeführt. Die Brüstungen sind ebenfalls betoniert; sie sind auf Konsolen etwas ausgesprengt und zu beiden Seiten über den Widerlagern mit erkerartigen Ausbauten abgeschlossen.
Bauzeit elf Monate, Kosten 156 000 Mark.

Die ersten Gleise für den neuen Rangierbahnhof sind bereits verlegt (1905). Im Hintergrund die neue Wallstraßenbrücke. Rechts, unmittelbar vor dem Ulmer Münster, der Wärterposten 1 – im März 1906 abgebrochen – mit der alten Trasse des Streckengleises Ulm–Sigmaringen. Deutlich zu erkennen sind die Einfahrsignale in den Hauptbahnhof: das außergewöhnlich hohe für die alte Streckenführung der Donaubahn, links daneben das kleinere für die neue Trasse.

Gewaltige Erdbewegungen sind in den Jahren 1905 und 1906 erforderlich, um den Rangierbahnhof in die gewünschte Höhenlage zu bringen.

Im Oktober 1906 ist der erste Bauabschnitt des Rangierbahnhofs (die heutige Bahnhofsgruppe 2) fertiggestellt. Die Anlage besteht aus vier Einfahrgleisen (links im Bild) und acht Richtungs- bzw. Ablaufgleisen mit folgender Gleisbenutzung:
    Ein Gleis für Wagen nach der Donaubahn,
    ein Gleis für Wagen nach Söflingen und beanstandete Wagen,
    ein Gleis für Wagen nach Ulm Ort,
    ein Gleis für Wagen nach der Hauptbahn (Stuttgart),
    zwei Gleise für Wagen nach der Südbahn,
    zwei Gleise für Wagen nach Bayern.
Die Beleuchtung der Anlage erfolgte durch 20 Keroslampen.

Im Vordergund die damalige Linienführung des Streckengleises Ulm–Sigmaringen mit einer Brücke über das ursprüngliche Bett der Blau. Durch die dreigleisige Weiterführung nach Westen mußte die Blau auf eine Länge von 450 m verlegt werden. Rechts im Bild das bereits verlegte Flußbett. Rechts und links die Auffahrtsrampen zur geplanten Lupferbrücke.

Im Frühjahr 1907 sind die Arbeiten schon weit fortgeschritten. Links im Bild der neue Bahnhof Ulm-Söflingen, rechts der Bahnhof von 1868. In der Bildmitte im Hintergrund erkennt man das Stellwerk 10. Als Ersatz für den im Vordergrund liegenden Bahnübergang wurde etwa 100 m westwärts eine 39 m lange Fahrbrücke von 6 m Breite über die Bahnlinie gebaut, die Lupferbrücke, benannt nach dem damaligen Eisenbahnbauinspektor August Lupfer.

Bahnhof Ulm-Söflingen, von der Straßenseite her gesehen.
Entwurf und Ausführung durch die Königliche Eisenbahnhochbausektion Ulm unter Baurat Kübler.

Am Sonntag, 28. April 1907, morgens um 7 Uhr wurde der neue Bahnhof Ulm-Söflingen nach einer Bauzeit von eineinhalb Jahren in Betrieb genommen. Während Frachtgut und Wagenladungsgüter weiterhin auf dem gegenüberliegenden alten Bahnhof (im Hintergrund links) aufgegeben werden mußten, erfolgte die Abfertigung für Gepäck, Expreßgut und Eilgut bereits auf dem neuen Bahnhof.
Bis zur Fertigstellung der Fußgängerunterführung als Verbindung zwischen den beiden Bahnhöfen im Mai 1907 war der Weg über den zum Oberberghof führenden Bahnübergang (Bahnkilometer 2,455) zu nehmen.

Im Bautagebuch ist folgende Begebenheit festgehalten: „Während der Bauarbeiten wurde ein köstlicher Schatz gefunden. 1904 war an der Stelle, wo nun mit dem Bahnhofsbau begonnen wird, der Lagerkeller der Schattenbrauerei in Söflingen verschüttet worden. Wegen zu hoher Kosten konnte er damals nicht mehr freigelegt werden. Nun kann das im Keller lagernde köstliche Naß wieder ans Tageslicht geschafft werden."

Am Kienlesberg, wo bereits der historische Napoleonsfelsen der neuen Straße weichen mußte, gab es neue Terrainveränderungen. Um die Einführung der Haupt- und der Brenzbahn in den Rangierbahnhof zu ermöglichen, mußte der weiter westlich in der Nähe der Wallstraßenbrücke gelegene Felsvorsprung von 25 000 cbm mit einem Kostenaufwand von 120 000 Mark beseitigt werden. Der unterhalb liegende Lokschuppen wurde zum Schutz gegen die Sprengwirkung mit einer Dielenverschalung versehen. Da das Fels- und Schuttmaterial zum Großteil über die Donaubahn zu schaffen war, wurden die Gleise durch ein Rollbahngerüst überbrückt. Im Hintergrund ist die Neutorbrücke zu sehen.

Eine weitere Verbindung zwischen der Stadt und dem Michelsberg entstand durch den Bau des Syrlinstegs im Jahr 1909. Bei einer Baukostensumme von 14 500 Mark leisteten die Bewohner des Michelsbergs einen Zuschuß von 8 500 Mark.

Bau der Gütergleisbrücke
für die Einführung der Stuttgarter
Güterzuggleise.

Als Ersatz für die Feldwege 110/1 und 110/2 und den schienengleichen Übergang bei Bahnkilometer 1,308 der Donaubahn wurde 1907/08 eine den Rangierbahnhof überführende eiserne Fachwerkbrücke gebaut. Es ist die Beringerbrücke, so benannt nach dem damaligen Vorstand der Eisenbahnbausektion Ulm, Eisenbahnbauinspektor Albert Beringer.
Die Brücke führt mit acht Öffnungen horizontal über den Rangierbahnhof und wurde so konstruiert, daß bei Bedarf beiderseits der Hauptträger die Gehwege auf Konsolen gelegt werden konnten, wodurch eine Fahrbahnbreite von 7 m erreicht wurde. Für das Personal wurden an den Zwischenpfeilern Treppenabgänge zum Rangierbahnhof angelegt.
Am 24. April 1945 wurde die Brücke durch Sprengung von drei Zwischenpfeilern von deutschen Pionieren zum Einsturz gebracht.
Die Brücke ist Eigentum der Bahn, ihr obliegt bis heute auch die Unterhaltung der Pfeiler und der Eisenkonstruktion. Die Unterhaltung der Fahrbahn ist Sache der Stadt.

Im Frühjahr 1908 begannen die Arbeiten für die Güterabfertigung am Blaubeurer Tor. Für die zu erstellenden Güterschuppen und die Zollhalle mußten die Festungswerke dort teilweise beseitigt und das ehemalige Friedensmagazin abgebrochen werden.
Bereits im Mai 1911 kam die Eisenbahnverwaltung ihrer Fürsorgepflicht nach und richtete für das Personal eine Kantine ein.

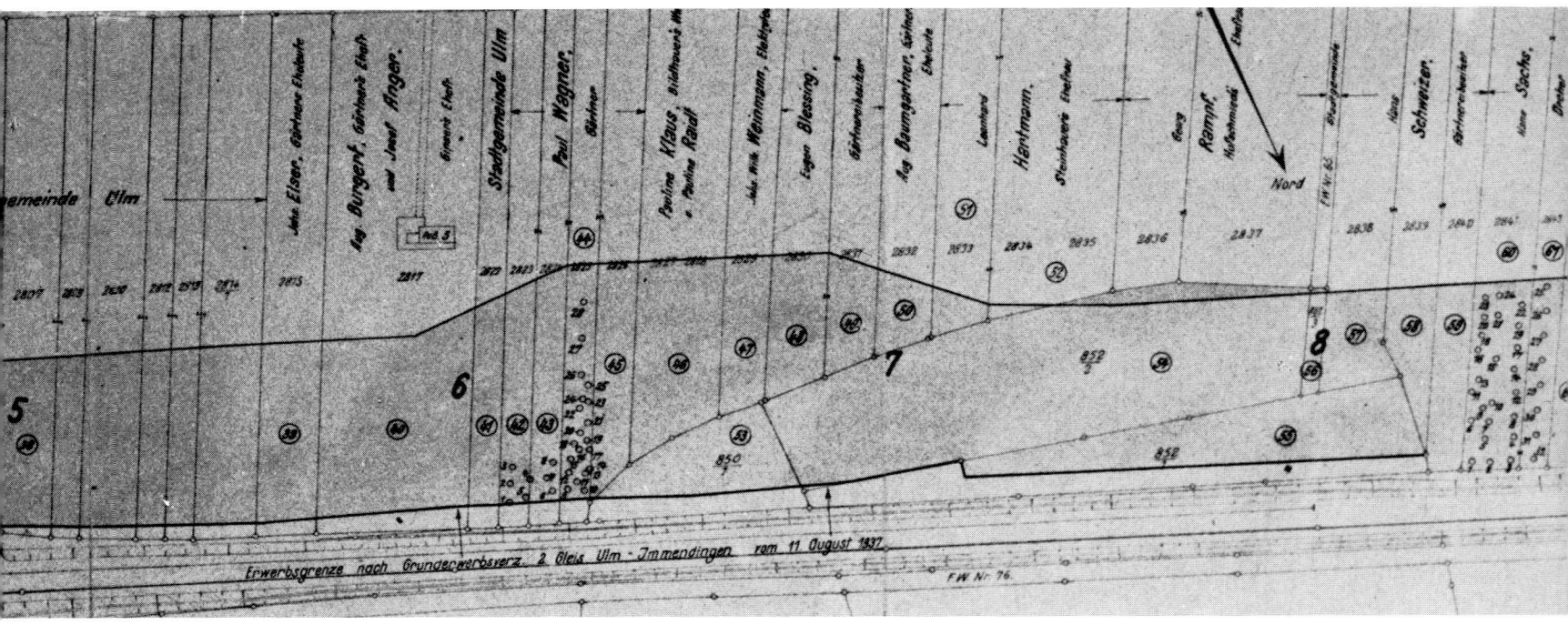

Grunderwerbspläne zur Abstellgruppe im Rangierbahnhof Ulm

Findet man in verschiedenen Unterlagen als Inbetriebnahmedatum für den Rangierbahnhof Ulm den 12. Juni 1911, so ist hier an den Abschluß der Bauarbeiten für die Gesamtanlage gedacht. Die Betriebsaufnahme erfolgte bereits im Oktober 1906. Entsprechend dem Baufortschritt kamen durch Verlagerung nach und nach weitere Aufgaben hinzu.
Die Baukosten einschließlich der Kosten für den Grunderwerb beliefen sich auf insgesamt 12 Millionen Goldmark.

Im Zuge der Kriegsvorbereitungen (Zugbildung für Militärzüge) kam es 1939/40 zum Bau der zwischen Ulm-Söflingen und Ehrenstein liegenden Abstellgruppe mit acht Gleisen und der Anbindung des Verbindungsgleises an Ehrenstein. Mit 162 Einzelverträgen wurde von den dortigen Groß- und Kleingärtnern 36 670 qm Grund und Boden zum Gesamtpreis von 56 424 Reichsmark erworben. Als Entschädigung für Ernteausfall, Spargelanlagen, Obstbäume und Beerensträucher mußten weitere 3 018 Reichsmark bezahlt werden.

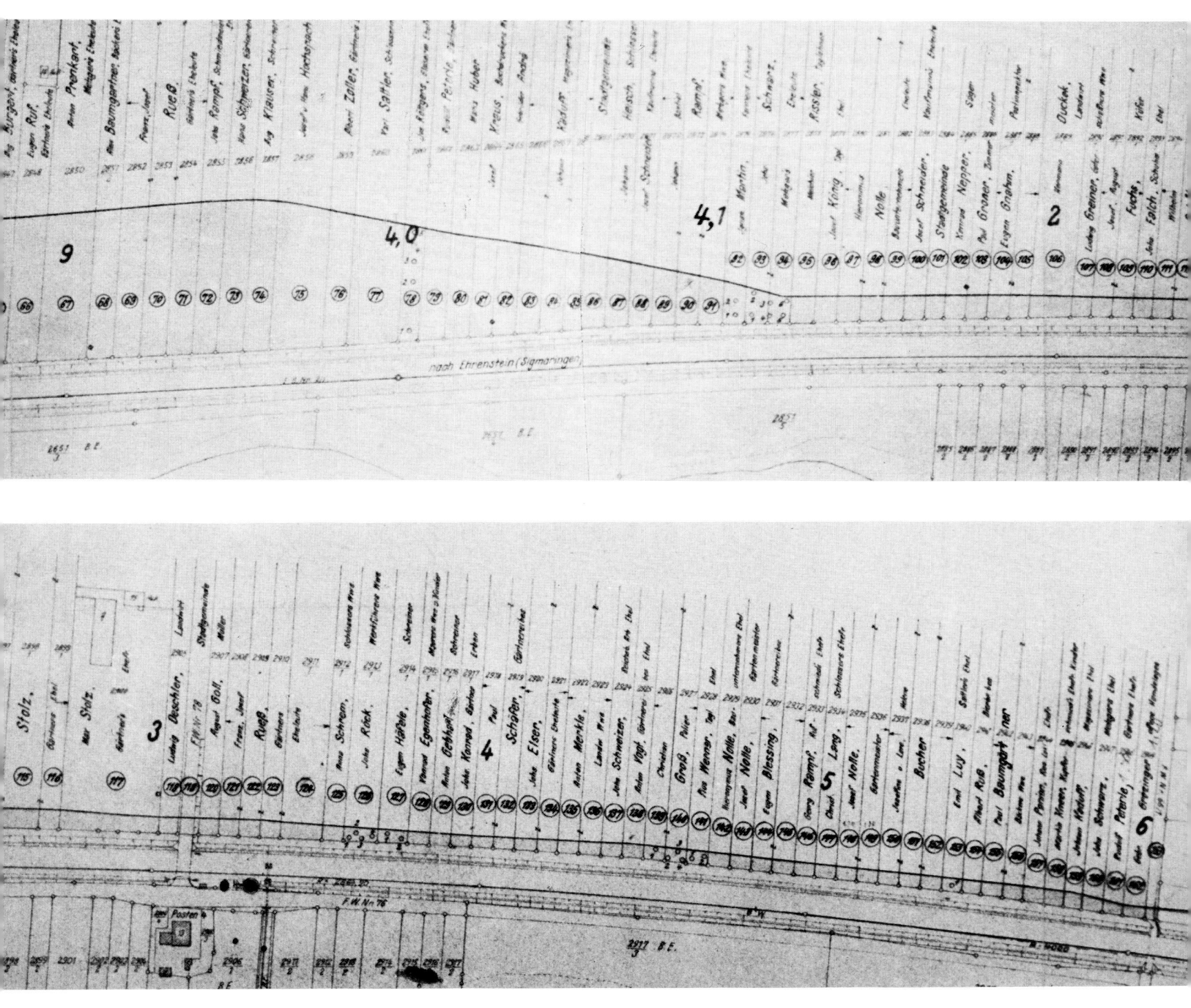

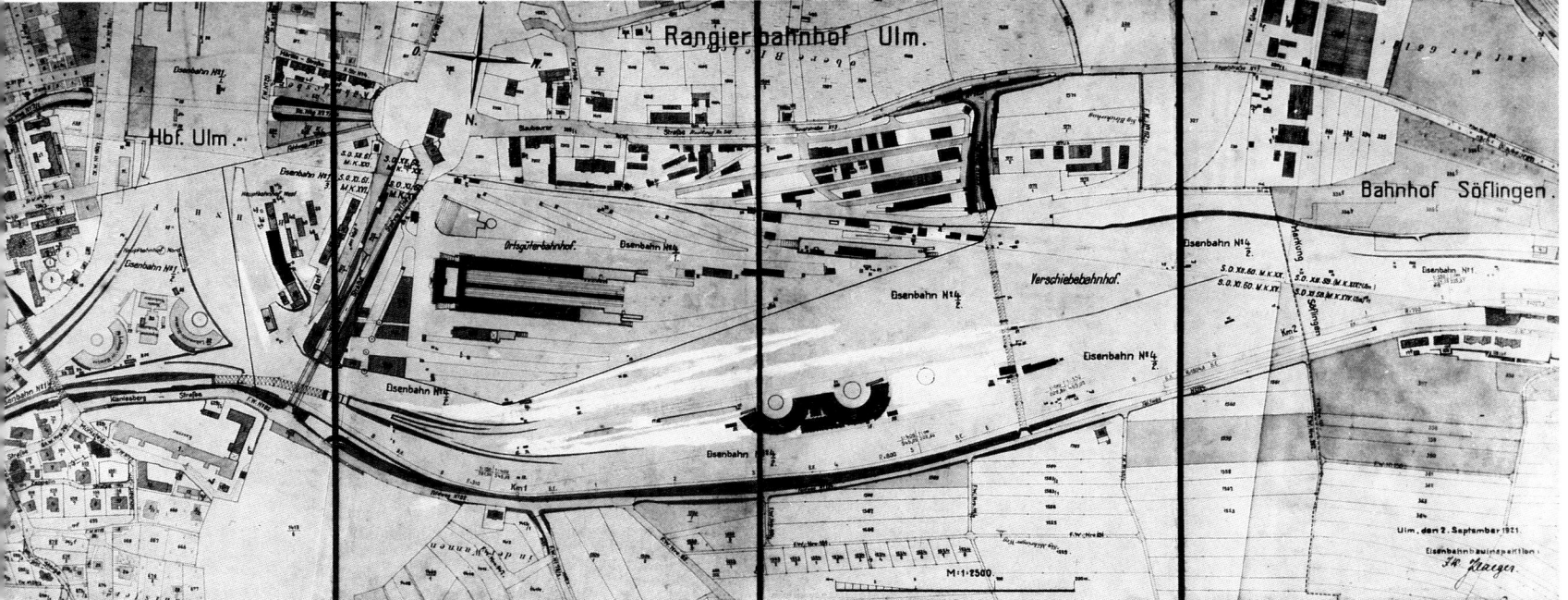

Lageplan des Rangierbahnhofs von 1921

Erläuterungen zum Bahnhofplan des Rangierbahnhofs von 1932

Der Rangierbahnhof schließt im Nordwesten an den Hauptbahnhof an und erstreckt sich gegen Westen in Richtung Ehrenstein über den Bahnhof Söflingen hinaus.
Länge 2,5 km, größte Breite 300 m.
Unmittelbar an der im Nordwesten beginnenden Böschung liegen die Personenzuggleise der Donaubahn (bis Söflingen zweigleisig). Daran anschließend folgt die Haupteinfahrgruppe mit den Gleisen 3 bis 12. Gleis 3 und 4 sind Ausfahrgleise nach der Donaubahn, die Gleise 5 bis 12 Einfahrgleise von der Brenzbahn, von Bayern, der Süd- und der Hauptbahn. Die Gleise 3 bis 6 sind außerdem Ausfahrgleise nach der Brenzbahn.
Südlich der Einfahrgruppe liegt das Bahnbetriebswerk mit drei Drehscheiben sowie die Bekohlungs- und Entschlackungsanlage.
Die Gleise 14 bis 17 umfassen die Ausfahrgruppe nach der Hauptbahn, die anschließenden Gleise 18 bis 36 werden als Richtungsgleise verwendet; sie dienen der Sammlung der Wagen nach Bayern, der Donau-, Brenz- und Südbahn. Östlich von den Richtungsgleisen liegen die Freiladegleise 60 bis 69 mit der Zollhalle (Zollamt am Güterbahnhof), südöstlich die zur Umladehalle führenden Gleise 70 bis 79 und die Freiladegleise des Ortsgüterbahnhofs 80 bis 90. Südlich der Richtungsgleise liegt die Viehverladerampe mit den Gleisen 91 und 92, daran anschließend die Entseuchungsanlage mit den Gleisen 93 bis 95. Hinter dieser führt das Gleis 100 an den Lagerschuppen und

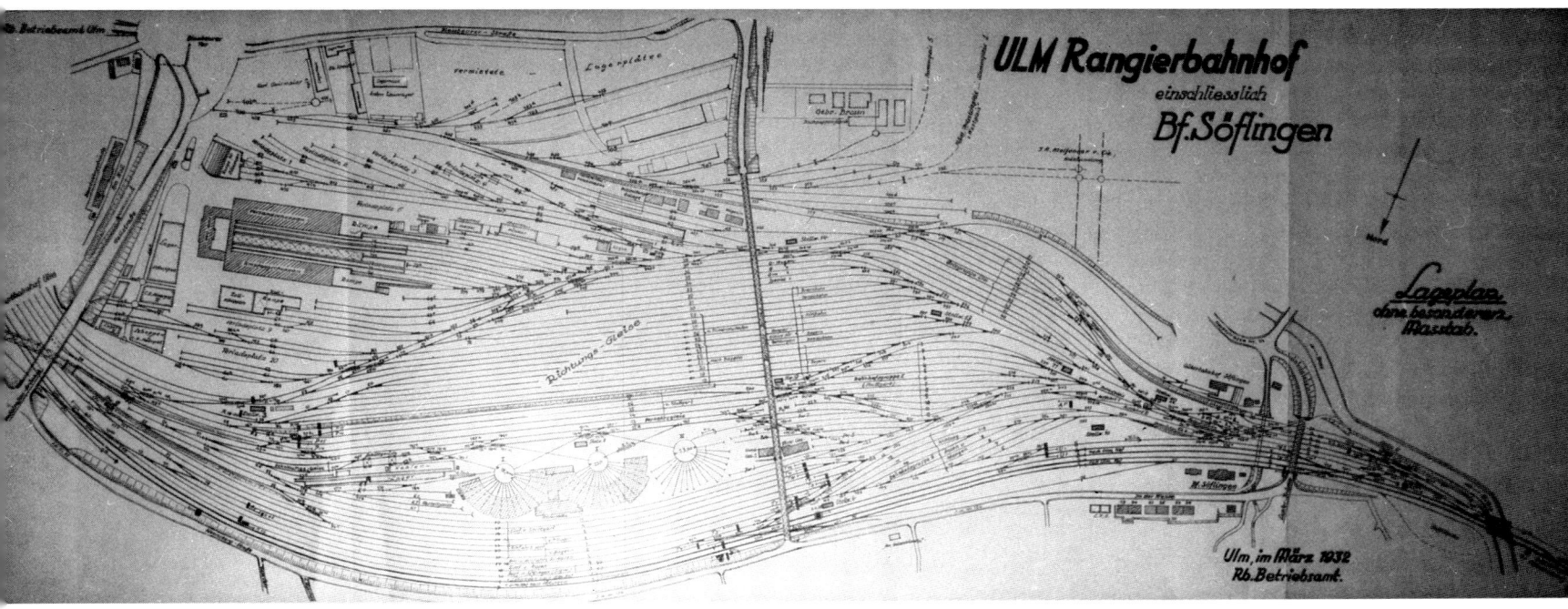

Rangierbahnhof Ulm 1932

die Werkstätte der Bahnmeisterei 2, dann am Transformatorenhaus vorbei zu den Anschlußgleisen der Firmen Gaissmaier und Laumayer bzw. zu den Lagerplätzen an den Gleisen 100 bis 107.

Gegen Süden hinter Stellwerk 14 liegt die Westgleisharfe. Hier werden die Wagen für die städtische Industriegleisanlage in der Weststadt geordnet. Von der Westgleisharfe zweigen die Anschlüsse der Firma Molfenter und die Stammgleise I und V der Westgleisanlage ab.

Nordwestlich der Westgleisharfe liegt die Ortsgruppe mit den Gleisen 40 bis 50. Diese Gleise dienen zur Sammlung der Wagen für Ulm Ort einschließlich Söflingen, Ehrenstein und Herrlingen. Nach Norden schließt mit zwölf Gleisen die Bahnhofsgruppe 1 an. Hier werden die Wagen für die Hauptbahn gesammelt und geordnet. Die Bahnhofsgruppe 1 mündet östlich in die Ausfahrgruppe der Hauptbahn. Weiter nach Norden liegt mit acht Gleisen die Bahnhofsgruppe 2 mit dem Nebenablaufberg. Hier werden die in den Richtungsgleisen für die Donau- und Brenzbahn gesammelten Wagen nach Bahnhöfen geordnet, und Züge nach diesen beiden Richtungen gebildet.

Das bei Stellwerk 4 (Weiche 96) von Gleis 1 abzweigende „Kohlengleis" wird als Hinterstellungsgleis verwendet. Unmittelbar vor dem Verwaltungsgebäude liegt mit sieben Gleisen die Packwagengleisgruppe und das Verkehrsgleis 12 a.

Der höchste Punkt im Westen ist der Hauptablaufberg. Er umfaßt die Gleise 6 bis 10. Die Gleise 6 bis 8 sind Abdrückgleise, die Gleise 9 und 10 Abstellgleise, wobei für Gleis 9 eine Ausfahrt nach der Donaubahn eingerichtet ist. Außerdem sind die Gleise 6 bis 9 Einfahrgleise von der Donaubahn. Nördlich vom Hauptablaufberg schließen sich die Gleise 1 bis 5 an. Gleis 5 ist Auszieh- und Abdrückgleis für den Nebenablaufberg der Bahnhofsgruppe 2. Die Gleise 1 bis 4 zählen zum Bahnhof Söflingen. Südlich vom Hauptablaufberg liegen die Ladegleise und der Güterschuppen des Bahnhofs Ulm-Söflingen. Die Bedienung erfolgt durch den Rangierbahnhof. Die Ablaufanlage erstreckt sich nach Westen bis zum Stellwerk 6. Dort mündet sie in das Ausziehgleis 6a, dessen 700 m jenseits der Blaubrücke gelegenes Ende die Grenze des Bahnhofs gegen Westen bildet.

Stellwerk 12 im Rangierbahnhof Ulm

Sonstige statistische Angaben

Die Gleislänge beträgt 86,612 km, davon sind 9,920 km Haupt- und 76,692 km Nebengleise.
Für die Regelung des Zug- und Rangierverkehrs sind elf Stellwerke, und zwar Stellwerk 2, 3, 4, 6, 8, 9, 10, 11, 12, 13 und 14 vorhanden.
Von 258 Weichen werden 142 fern- und 116 ortsgestellt.
29 Hauptsignale sichern die Aus- und Einfahrten der Züge.
Drei Gleiswaagen an den Gleisen 80, 69 und 100a mit 40, 35 und 32 Tonnen Tragfähigkeit und außerdem zwei Hebekräne an den Gleisen 88 und 89 mit 5 und 20 Tonnen stehen zur Verfügung.

Fahrleitungsarbeiten im Rangierbahnhof durch die ehemaligen Mitarbeiter Garni und Kohn der Fahrleitungsmeisterei. Im Hintergrund das im Zweiten Weltkrieg zerstörte Verwaltungsgebäude des Rangierbahnhofs.

Industriegleise der Stadt Ulm

Zu den wirtschaftspolitischen Maßnahmen der Stadt gehörte auch die noch vor dem Ersten Weltkrieg fertiggestellte Anlage von Industriegleisen in dem älteren, in seiner räumlichen Ausdehnung allerdings durch topographische Hindernisse begrenzten Gewerbegebiet im Osten (Ostgleis) und in der jetzt für die weitere gewerbliche Entwicklung vorgesehenen Weststadt (Westgleis).

Im Jahre 1907 wurde zwischen der Königlich Württembergischen Staatseisenbahn und der Stadt Ulm ein Vertrag über den Bau und Betrieb von Privatgleisanlagen im Stadtgebiet abgeschlossen. Mit dem Bau dieser Industriegleisanlagen sollten die Industrie- und Gewerbebetriebe im Osten und Westen der Stadt mit dem neuen Güter- und Rangierbahnhof verbunden werden. Datierte das erste Projekt für das Industriegleis im Osten der Stadt bereits aus dem Jahr 1897, so kam es doch 1907 zuerst zum Bau des Industriegleises West mit einem Kostenaufwand von 120 000 Mark, wobei nach und nach bis zum vollständigen Ausbau im Jahr 1925 durch fünf Stammgleise vierzig Firmen einen Gleisanschluß erhielten.

Die Inbetriebnahme dieses Industriegleises war Anlaß für die in der Oststadt ansässigen Firmen Gebr. Eberhardt, Gabriel Lebrecht und Wieland & Cie, gegen die ungleiche Behandlung bezüglich der Verkehrsandienung seitens der Stadt scharf zu protestieren. In ihrer Denkschrift vom 7. März 1910 an die bürgerlichen Kollegien der Stadt legten sie unter anderem dar, daß die hier angesiedelte alte und neue Industrie für die Stadt erhaltenswert sei, schwere Benachteiligungen durch die Verlegung des Güterbahnhofs in den Westen der Stadt bereits bestünden, die Gefahr der Abwanderung der Firmen drohe und damit eine Verkümmerung und Entwertung des Oststadtviertels nahe rücke.

Industriegleis Ost der Stadt Ulm. Im Vordergrund überquert die Wielandstraße die beiden Industriegleise.

Obwohl die genannten Firmen der Oststadt ein Wagenaufkommen von 2000 Wagen im Jahr garantierten, dauerte es noch ein weiteres Jahr, bis endlich 1911 das Industriegleis mit fünf Anschlüssen und einem allgemeinen Ladegleis in Betrieb genommen werden konnte. Die Baukosten beliefen sich auf 100 000 Mark.

Die Schienenlänge der Westgleisanlage betrug insgesamt 3,8 km, die der Ostgleisanlage 1,3 km.

Die Industriegleisanlagen wurden zunächst vom Tiefbauamt betrieben. 1939 erfolgte die Übertragung auf die Stadtwerke.

Während die Industriegleise bis Kriegsende durch nichts zu ersetzen waren, nahm deren Frequentierung mit zunehmender Motorisierung und dem Haus-Haus-Vorteil des Kraftwagens laufend ab.

Auch die Kriegseinwirkungen hinterließen ihre Spuren. Bei Kriegsende waren 400 lfd. Meter Gleisanlagen zerstört.

Reparatur- und Lokomotivwerkstätte

Historisches Material über die Entwicklung der Königlich Württembergischen Lokomotiv- und Wagenwerkstätte ist kaum vorhanden. Aus den einzelnen Bauperioden und der Entwicklung der Bahnhofsanlagen zwischen den Jahren 1848 und 1911 können aber doch einige Daten festgehalten werden.

1850 waren auf dem Bahnhof Ulm eine Lokremise, eine Wagenremise und eine Wasserstation vorhanden. Im Lageplan von 1850 (siehe Seite 25) sieht man dem Bahnhofsgebäude gegenüber südlich die Wagenremise, nördlich die Lokremise. Dazwischen befand sich eine Drehscheibe. Hinter der Wagenremise Richtung Schillerstraße ent-

standen im Jahr 1854 die Anlagen für die Reparaturwerkstätte. Zwischen 1851 und 1853 wurde eine eigene Gasfabrik für die Beleuchtung der Bahnanlagen gebaut.

1868 bis 1871 erfolgte die Verlegung der Lokschuppen in das Bogendreieck zwischen Haupt- und Donaubahn. Mit dem Bau des Rangierbahnhofs wurde der Dampflokbetrieb teilweise in diesen Bereich verlegt. Zwischen 1910 und 1912 entstanden dort zwei Lokschuppen mit Drehscheiben und den dazugehörenden Werkstätten. Mit der Aufnahme des elektrischen Betriebs wurden die Dampflokomotiven vollständig in den Rangierbahnhof verlagert. Durch die Kriegseinwirkungen wurden die Anlagen 1944/45 fast vollständig zerstört.

Lokschuppen im Bogendreieck zwischen Donau und Hauptbahn. Links und rechts zwei halbrunde Lokschuppen mit je einer Drehscheibe, dazwischen eine rechteckige Lokhalle ebenfalls mit vorgelagerter Drehscheibe (Aufnahme 1880).

Im Ersten Weltkrieg

Militärverladung im August 1914 in der Abstellgruppe des Ostbahnhofs unterhalb des Michelsbergs.

Verabschiedung von Soldaten auf dem Bahnhofsvorplatz.

Vereinslazarettzug Y 3 auf Gleis 1. Im Hintergrund das Empfangsgebäude und der 1877 erbaute Bahnhofsteg.

Bahnhofsanlage Ulm 1920/30

Bahnhofsanlage um 1920

Empfangsgebäude des Bahnhofs Ulm im Jahr 1925.

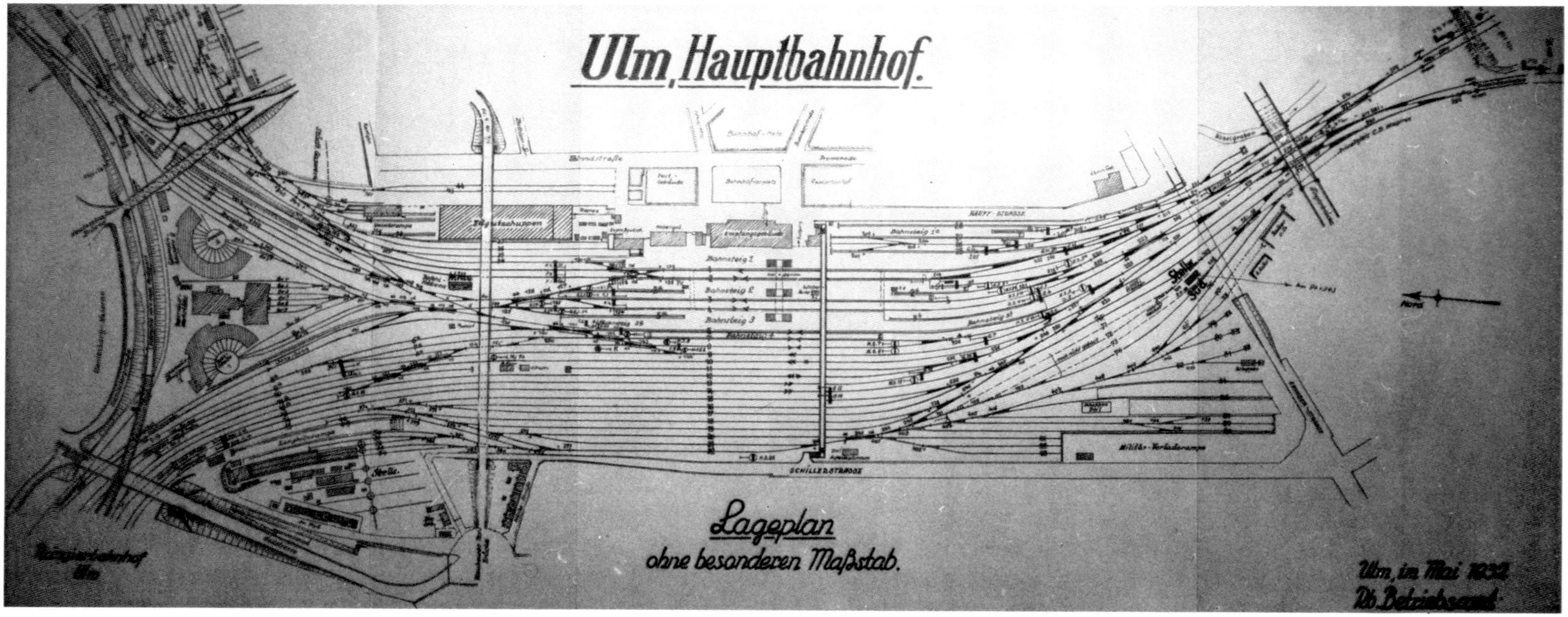

Bahnhofslageplan 1932.
Gesamtgleislänge 44,958 km, davon 17,184 km Haupt- und 27,774 km Nebengleise.
Von 250 Weichen waren 178 fern- und 72 nahbedient.

Bahnhofsanlage 1938 mit Blaubeurer-Tor-Brücke; links am Bildrand das zwischen den Gleisen 2 und 3 gelegene und im Zweiten Weltkrieg zerstörte Stellwerk Mitte.

Elektrifizierung

Im Sommer 1931 beschloß die Deutsche-Reichsbahn-Gesellschaft die Elektrifizierung der Strecke Augsburg–Stuttgart. Die Arbeiten sollten bei einem Kostenaufwand von 50 Millionen Reichsmark bis Frühjahr 1933 abgeschlossen sein.

Für die Planung und Ausführung des elektrischen Streckennetzes, die erforderlichen Umbauarbeiten und notwendigen Neubauten wurden in Ulm zwei Neubauämter eingerichtet.

Die für den Dampflokbetrieb bisher bei 4,8 m liegenden Mindestdurchfahrtshöhen bei Brücken und Tunnels mußten auf 5,5 m erhöht werden, um den elektrischen Fahrdraht einbauen zu können.

Während die Neutor- und die Zinglerbrücke nicht höhergelegt werden konnten – hier wurde der Gleiskörper um 70 cm abgesenkt –, ließ sich der Bahnhofsteg um 120 cm anheben.

Die unter der Wallstraßenbrücke liegende Gütergleisbrücke für die Stuttgarter Güterzuggleise wurde um 35 cm abgesenkt, an der Lupferbrücke der Überbau um 30 cm angehoben.

Größere Veränderungen waren auch an der Hauptbahn zwischen der Oberen und Unteren Gaisenbergbastion vorzunehmen. Die beiden Doppeltunnel, in denen die Bahn damals unter den Festungswerken hindurchführte, mußten abgetragen werden. Eines dieser Tunnelportale mit der Jahreszahl MDCCCL (1850) wurde im April 1932 auf dem Bahnsteig des Haltepunktes Ulm Ost zur Erinnerung aufgestellt, wo es heute noch steht.

Zweigleisige Eisenbahnlinie Stuttgart–Ulm 1931.
Im Vordergrund Doppeltunnel unter der Stuttgarter Straße, dahinter ein weiterer Doppeltunnel durch Wall und Glacis oberhalb der Unteren Gaisenbergbastion.
Rechts im Vordergrund eine Neigungswechseltafel, zu erkennen an den zwei weißen übereinanderliegenden Flügeln. Darauf stand: 1:∞ (unendlich). Die Streckengleise lagen in der Waagerechten, was für den Lokführer auch schon an der Stellung der beiden Tafeln zu erkennen war. Die Tafeln sind längst verschwunden.

Doppeltunnel von der Stadtseite her.
Beginn der Abbrucharbeiten, 1932.

Beide Doppeltunnel werden vollständig abgetragen.
Im Hintergrund ein heute noch stehendes Wohngebäude.
Im Zuge der Elektrifizierung mußten auch die Telefondrähte auf Freigestänge in die Erde als Kabel verlegt werden.

1932 Abbrucharbeiten an der Blaubeurer-Tor-Brücke von 1877.

Montagearbeiten an der neuen Blaubeurer-Tor-Brücke im Frühjahr 1933.

Das größte Projekt im Zuge der Elektrifizierung war der nun notwendige und bisher immer wieder verschobene Neubau der Blaubeurer-Tor-Brücke, da auch hier die lichten Höhen nicht ausreichten. Das Städtische Tiefbauamt hatte sich für einen Neubau dieser Brücke entschieden, wodurch die Tragfähigkeit (damals nur vier Tonnen) erheblich verbessert und die seit langem bekannten Konstruktionsmängel beseitigt werden konnten. Diesem Plan hatte der Gemeinderat der Stadt bereits 1914 zugestimmt; der Kriegsausbruch verhinderte jedoch die Ausführung.

Finanzierungsprobleme nach dem Krieg und neu gewonnene Erkenntnisse im Brückenbau verschoben dann wiederum auf Jahre den notwendigen Neubau. Erst mit der Herstellung hochwertigen Stahls trat 1925 im Blechträgerbrückenbau eine entscheidende Wende ein. Durch die höhere zulässige Beanspruchung war es nun möglich, mit einfachen Blechträgern große Spannweiten zu überbrücken.

Vom Städtischen Tiefbauamt wurde die Auffassung vertreten, daß der weitgespannte Blechbalken das für das Stadtbild günstigste Trägersystem sei und damit die Lösung für die Blaubeurer-Tor-Brücke darstelle. Durch die Wahl dieser Trägerform wurde eine bestmögliche Einfügung der Brücke durch ihre einfache, ruhige und klare Form in

Die neue Blaubeurer-Tor-Brücke wurde am 13. Juli 1933 dem Verkehr übergeben. Sie ist mit 226 m Länge und 17,70 m Breite die größte Brücke der Stadt.

das Gesamtbild des Bahnhofs und der Stadt erwartet. Der auf dieser Grundlage vom Tiefbauamt aufgestellte neue Entwurf fand auch die Billigung der Reichsbahn-Gesellschaft.

Am 25. Januar 1932 stimmte der Gemeinderat in einer stürmisch verlaufenen Sitzung über den Brückenbau ab. Obwohl die Reichsbahn die Hälfte der Kosten von 1,3 Millionen Mark übernahm, stimmten Nationalsozialisten und Kommunisten gegen den Neubau.

Im Juni 1932 begannen die Arbeiten. Der gesamte Brückenbau wurde als Notstandsarbeit mit Zuschüssen aus der Erwerbslosenfürsorge mit 22 000 Tagewerken ausgeführt. Im Durchschnitt waren rechnerisch 170 Arbeitskräfte dreizehn Monate lang beschäftigt, damals schon ein stattlicher Beitrag zur Verminderung der Arbeitslosigkeit. Bei der Endabrechnung beliefen sich die Gesamtkosten auf 1,53 Millionen Reichsmark, da die Stadt auch die Aufwendungen für die Herstellung der Auffahrtsrampen zu tragen hatte.

Im Mai 1933 konnte dann auf der über 240 km langen Strecke Stuttgart–München der elektrische Zugbetrieb aufgenommen werden.

Die Strecke Stuttgart–Ulm
ist elektrifiziert.
Im Vordergrund die Straßenüberführung
Stuttgarter Straße, dahinter die
Wegeüberführung Prittwitzstraße.

Auf der Donaubrücke werden die Fahrleitungsmasten gesetzt (1932).
Der Arbeitszug wird durch eine Dampflokomotive der Baureihe 92 (Tenderlok für den leichten Güterzug- und Rangierdienst) gezogen.

Am 25. April 1933 ist es endlich wahr geworden: der elektrische Betrieb auf der Strecke Augsburg–Ulm ist aufgenommen. Um 16.32 Uhr trifft als erster Zug der Personenzug 906 von Augsburg ein. Die Lokomotive ist beflaggt und bekränzt. Die Musikkapelle des Eisenbahnvereins empfängt den Zug mit flotten Weisen.

Elektrische Lokomotiven wurden damals durch ein vorangestelltes „E" vor ihrer Betriebsnummer gekennzeichnet, zum Beispiel „E 32".

Am 5. Mai 1933 kommt der erste mit einer elektrischen Lokomotive bespannte Zug von Stuttgart in Ulm an.

Der im August 1935 in Betrieb gestellte Aussichtstriebwagen ET 491001 (später „Gläserner Zug" genannt) auf Gleis 2 im Bahnhof Ulm.
Der Wagen, dessen Oberteil fast ganz aus bruchsicherem Glas bestand, bot nach allen Seiten und auch nach oben einen ungehinderten Ausblick; er hatte 64 Sitzplätze. Der Wagen wurde mit Elektromotoren angetrieben, die eine Geschwindigkeit bis zu 130 km/h ermöglichten. Gebaut wurde der „Gläserne" von AEG Berlin und der Waggonfabrik Fuchs, Heidelberg.

Die Eisenbahn im Zweiten Weltkrieg

In einem preußischen Abteilwagen ...
Die Schrecken des Krieges haben die Heimat noch nicht erreicht. Mit Musik dampfen die Soldaten ihrem Schicksal entgegen – für viele eine Fahrt ohne Wiederkehr.

Bereits im Januar 1944 hatte die US-Air-Force durch ihre Aufklärungsflugzeuge und Beiträge des alliierten Geheimdienstes genaue Unterlagen über wichtige Objekte in Ulm. Die Auswertungsstelle hatte daraufhin die zu zerstörenden, für sie kriegswichtigen Anlagen identifiziert und mit Kennziffern versehen. Zur Zerstörung im Bereich des Bahnhofs Ulm Hbf waren bestimmt:

Kennziffer 69	Personenbahnhof	Kennziffer 75	Eilgüterabfertigung
Kennziffer 70	Haltepunkt Ulm Ost	Kennziffer 76	Abstellgruppe Ostbahnhof
Kennziffer 72	Güterabfertigung	Kennziffer 81	Postamt
Kennziffer 73	Rangierbahnhof	Kennziffer 82	Bahnhofhotel
Kennziffer 74	Bahnbetriebswerk	Kennziffer 84	Hotel „Russischer Hof".

16 Tage, 23 Stunden und 35 Minuten saßen Ulmer und Neu-Ulmer während des Zweiten Weltkriegs – aufs Überleben hoffend – in den Luftschutzkellern und Bunkern; 268mal wurde Fliegeralarm gegeben, davon 142mal bei Nacht.
310 607 Luftminen, Spreng-, Phosphor- und Stabbrandbomben sowie Langzeitzünder fielen bei 22 Angriffen aus den Schächten von über 2000 alliierten Kampfflugzeugen auf die Stadtbezirke rechts und links der Donau: vier Bomben pro Kopf der Bevölkerung!
2006 Menschen verloren ihr Leben. 40 000 Ulmer wurden evakuiert.

Angriffe auf Bahnanlagen

Aus dem Kriegstagebuch des Bahnhofs Ulm

Am *Donnerstag, 16. März 1944,* um 12.41 Uhr Störangriff mit 2 Sprengbomben und 25 Flüssigkeitsbrandbomben. Stellwerk Süd teilweise ausgebrannt und außer Betrieb. Abstellgleise 74 bis 82 teilweise herausgerissen. Zugverkehr Richtung Neu-Ulm und Friedrichshafen für fünf Stunden unterbrochen. Bereits am Samstag, 18. März 1944, konnte der Betrieb wieder in vollem Umfang aufgenommen werden.

Am *Mittwoch, 19. Juli 1944,* um 10.00 Uhr Störangriff mit etwa 120 Flüssigkeitsbrandbomben. 2 Lokomotiven und 10 Wagen ausgebrannt. Bei der Güterabfertigung Versandhalle zu 1/6, Empfangshalle zu 1/3 ausgebrannt. Keine Störung im Zugverkehr.

Am *Mittwoch, 9. August 1944,* um 11.08 Uhr Störangriff mit etwa 40 Sprengbomben zu 250 kg, weiterhin um 11.30 Uhr mit etwa 200 Stabbrandbomben. Gleise der Donaubahn, Haupteinfahrgruppe, Ausfahrgruppe Kornwestheim und Richtungsgleise 18 bis 27 durch große Sprengtrichter stark beschädigt, Packwagengleise zerstört, Stellwerk 4, 8 und 9 erleiden leichte Schäden, Drehscheibe 1 schwer, Drehscheibe 2 und 3 leicht beschädigt. 5 Lokomotiven, 3 Personenwagen und 56 Güterwagen zum Teil ausgebrannt. Treppenaufgang zur Beringer-Brücke bei Stellwerk 9 und Wärterpostenbude 4 weggerissen. Dienstwohngebäude In der Wanne Nr. 18, 19 und 28 jeweils Dachstock beschädigt. Rangierbahnhof anfangs vollständig stillgelegt.

Links: Behebung der Gleisschäden im Bezirk des Stellwerks 4 nach dem Angriff am 9. August 1944; rechts am Bildrand das noch unversehrte Verwaltungsgebäude des Rangierbahnhofs. – Rechts: Durch die Wucht der Detonation wurde eine Wagenachse hochgeschleudert und durchschlug das Dach des Stellwerks 8.

Beringer-Brücke nach dem Volltreffer am 10. September 1944.
Rechts oben: Bahnhofsgruppe 1 und ein Teil der Richtungsgruppe nach diesem Angriff von der Beringer-Brücke aus.

Am *Sonntag, 10. September 1944,* von 11.16 Uhr bis 11.41 Uhr Störangriff mit etwa 40 schweren Sprengbomben und etwa 300 Stabbrandbomben. Haupteinfahrgruppe und Ausfahrgruppe Kornwestheim durch Sprengtrichter gesperrt, Gleise der Bahnhofsgruppe 1, Ortsgruppe und des Ortsgüterbahnhofs unbefahrbar. Beringer-Brücke erhält Volltreffer. Hauptbahn zwischen Dornstadt und dem Bahnposten 105 an zehn Stellen durch Sprengtrichter unterbrochen. Streckengleis Richtung Neu-Ulm durch umgestürzte Fahrleitungsmasten gesperrt. Stellwerk 9 vollständig zerstört. 5 Lokomotiven und 56 Güterwagen zum Teil schwer beschädigt. Verwaltungsgebäude Rangierbahnhof zu 2/3 zerstört. Rangierbahnhof vollständig stillgelegt. Am Montag, 11. September, in den Abendstunden auf der Hauptbahn und Richtung Neu-Ulm Betrieb wieder aufgenommen.

Am *Mittwoch, 13. September 1944,* um 11.05 Uhr Störangriff mit 32 schweren Sprengbomben und etwa 150 Stabbrandbomben.

Haupteinfahr- und Ausfahrgruppe, Ortsgruppe, Bahnhofsgruppe 1 und Hauptablaufberg wegen schwerer Sprengtrichter unbefahrbar, Werkstätten des Bw durch Volltreffer total zerstört. Eine Lokomotive und 27 Güterwagen beschädigt.

Durch die erneute Zerstörung innerhalb von drei Tagen ist die teilweise bereits instandgesetzte Anlage des Rangierbahnhofs wieder vollständig stillgelegt.

Zerstörter 20-Tonnen-Kran von Gleis 89.

Zerstörtes Kriegsmaterial.

Das Ende naht

Am Abend des dritten Adventsonntags, am *17. Dezember 1944,* liegt Nebel über der Donaustadt; dichter Nebel, in dem man kaum weiter als vier bis fünf Meter sehen kann. Obwohl der Soldatensender Calais und BBC London die Bevölkerung gewarnt haben, glauben die Ulmer, daß dieser Nebel ein gnädiger Schleier sei. Dabei ist es das Leichentuch, denn bereits um 19.23 Uhr bricht das Inferno über die Stadt herein.
Auf das Bahngebiet fallen etwa 65 schwere Sprengbomben und etwa 3800 Brandbomben. Sämtliche Gleisanlagen sind durch Sprengtrichter, umgestürzte Fahrzeuge,

Das zerstörte Empfangsgebäude des Bahnhofs Ulm Hbf nach dem Dezember-Angriff.

Masten und Trümmer unbefahrbar geworden. Die Gütergleisbrücke unter der Wallstraßenbrücke wird von Sprengbomben getroffen und sackt ab; desgleichen der Fußgängersteg über den Bahnhof.
Drehscheibe 1 und 2 werden vollständig zerstört. Sämtliche übrigen Stellwerke erleiden mittelschwere Schäden. 15 Lokomotiven und 945 Eisenbahnwagen (davon 298 total) werden beschädigt.
Das Empfangsgebäude (Personenbahnhof) mit sämtlichen Nebengebäuden, die Kantine, das Verwaltungsgebäude Rangierbahnhof, der E-Lok-Schuppen und die Lehrlingswerkstatt, die Wagenausbesserung, die Dienstgebäude der Bahnmeisterei 1 und 2, die Signalmeisterei, die Güterabfertigung und die Umladehalle werden zerstört bzw. brennen vollständig aus; außerdem 25 Dienstwohngebäude in der Mörikestraße, Am Wall und In der Wanne.
Der gesamte Betrieb, in den ersten Tagen vollständig stillgelegt, wird auf die Vorbahnhöfe verlegt. Am 20. Dezember 1944, also nach drei Tagen, verkehren zuerst wieder Wehrmachtszüge über Gleis 1 und 2. Am 9. Januar 1945 kann der gesamte Reisezugverkehr wieder aufgenommen werden.
Der Rangierbahnhof ist bis 10. Januar 1945 völlig stillgelegt. Am 22. Januar 1945 kann aber auch dort der Betrieb teilweise aufgenommen werden.

Am *Samstag, 25. Februar 1945,* von 11.05 bis 13.00 Uhr fallen aus 60 Bombenflugzeugen in vier Wellen etwa 35 Spreng- und gegen 1000 Stabbrandbomben. Der südliche Bahnhofsteil erleidet schwere Schäden. Die Eisenbahnbrücke über die Donau und die Baracken der Fahrkartenausgabe werden beschädigt. Eine Lokomotive und 68 Wagen werden zerstört.
Die Ein- und Ausfahrgleise Richtung Neu-Ulm und Friedrichshafen sind für vier Tage gesperrt.

Auch Beutewagen der Alliierten werden von der Zerstörung nicht verschont.

Nach dem Angriff vom Donnerstag, 19. April 1945:
Links die zerstörte Bahnhofsgruppe 1;
oben die durch Volltreffer auf beide Widerlager zerstörte Wallstraßenbrücke;
darunter eine beschädigte preußische T-16-Dampflok (Baureihe 94 der Deutschen Reichsbahn).

Am *Donnerstag, 1. März 1945,* von 13.15 bis 14.30 Uhr fallen etwa 3000 Stabbrandbomben auf das Bahngebiet. Die Gütergleisbrücke sackt am östlichen Widerlager ab. Die vollständige Zerstörung der Gleisanlagen des Ortsgüterbahnhofs und der Lagerplätze machen eine Bedienung der Industriegleise in der Weststadt unmöglich. Alle einmündenden Streckengleise bleiben für drei Tage gesperrt.
Eine Lokomotive und 83 Wagen (davon 50 total) werden schwer beschädigt und brennen aus.

Bereits drei Tage später, am *Samstag, 4. März 1945,* von 10.02 bis 11.04 Uhr erfolgt ein weiterer schwerer Angriff mit etwa 60 Sprengbomben und etwa 1800 Stabbrandbomben.
Die Gütergleisbrücke sackt weiter ab. Stellwerk Mitte wird vollständig zerstört, Stellwerke 10, 11 und 12 schwer beschädigt, restlicher Teil des E-Lok-Schuppens, des Fernheizwerks und der Güterabfertigung dem Erdboden gleichgemacht. 5 Lokomotiven und 39 Wagen zum Großteil völlig zerstört.

Sämtliche einmündenden Streckengleise sind für drei Tage gesperrt. Wegen Zerstörung der Gesamtanlagen des Bahnhofs Neu-Ulm bleibt der Bahnbetrieb auf diesem Abschnitt für acht Tage unterbrochen.

Am *Sonntag, 15. April 1945,* von 13.53 bis 15.52 Uhr fallen in vier Wellen etwa 30 Spreng- und 50 Flüssigkeitsbrandbomben. Die Gleise der Abstellgruppe Ostbahnhof, der Ausfahrgruppe und des Ortsgüterbahnhofs sind durch Sprengtrichter und zum Himmel ragende Schienen gesperrt. 16 Lokomotiven und 124 Wagen werden fast vollständig zerstört.

Am *Donnerstag, 19. April 1945,* erfolgen die letzten vier Angriffe, und zwar von 9.41 bis 10.34 Uhr in vier Wellen, um 11.33 Uhr in einer Welle, von 16.00 bis 16.30 Uhr in zwei Wellen und von 18.20 bis 18.40 Uhr in drei Wellen. Dabei fallen etwa 200 schwere Sprengbomben, etwa 15 Minen und etwa 150 Flüssigkeits- und Stabbrandbomben auf das Bahngebiet.
Die in mühevoller Tag- und Nachtarbeit errichteten Provisorien zur Aufrechterhaltung des Betriebs werden in Schutt und Asche gelegt.
Die Wallstraßenbrücke, durch Sprengbomben auf beide Brückenjoche getroffen, stürzt zusammen; durch herabfallende Betonmassen sackt die Gütergleisbrücke weiter ab.
Die Bahnsteige 2 und 3 werden schwer beschädigt; Brandmauern des Empfangsgebäudes stürzen vollends ein. Die auf dem Bahnhofsvorplatz stehende Wartebaracke wird weggerissen.

Die Einfahrgruppe, Bahnhofsgruppe 1 und 2, Packwagengleise, Ortsgruppe, Westgleisharfe, Richtungsgleise und Ortsgüterbahnhof werden vollständig zerstört, desgleichen die restlichen Anlagen der Güterabfertigung, des Verwaltungsgebäudes Rangierbahnhof und der Signalmeisterei. Außerdem werden drei Dienstwohngebäude In der Wanne vernichtet. 75 Wagen brennen aus.

Der Rangierbahnhof Ulm gleicht einer Mondlandschaft. Eisenhower zeigt diese Stätte unüberbietbarer Verwüstungen als einziges Bilddokument des Luftkrieges in seinem Memoirenband „Kreuzzug Europa". P 417

Von den von der US-Air-Force für die Zerstörung vorgesehehen Objekten war jedes einzelne nach insgesamt elf Angriffen auf das Bahngebiet dem Erdboden gleichgemacht. Seitens der Siegermächte war ganze Arbeit geleistet worden.

Für die Überlebenden begann nun ein mühevoller und langwieriger Weg des Wiederaufbaus.

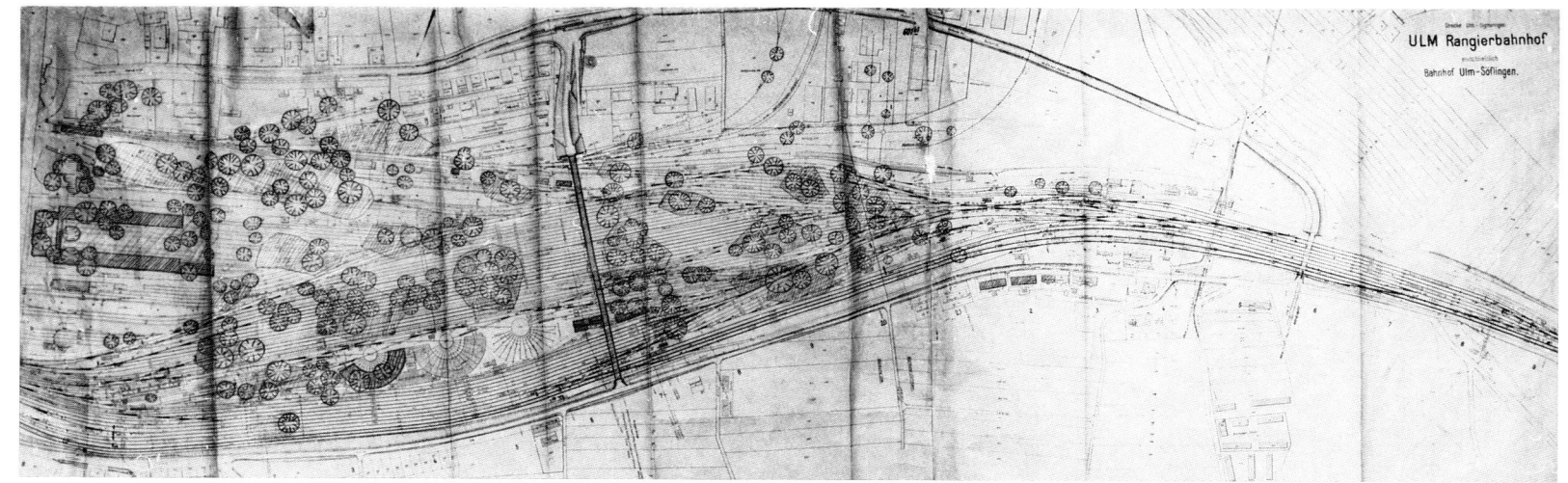

Bombentrichter auf dem Gelände des Rangierbahnhofs im Mai 1945. Auf den Bahnhofsbereich fielen etwa 500 Sprengbomben und Luftminen und etwa 10 600 Stab- und Flüssigkeitsbrandbomben. Dabei wurden unter anderem 46 Lokomotiven und 1444 Wagen zerstört oder brannten aus.

Auf dem Rangierbahnhof geht es drunter und drüber. Deutsche und Ausländer brechen die Wagen auf, schlagen sich um die Beute aus Wehrmachtsbeständen, treten sinnlos kostbare Lebensmittel in den Schmutz, sobald sie ihren eigenen Bedarf gedeckt haben.

Das Ende ist da

Die Eisenbahner, ob daheim oder draußen, – auch sie konnten es trotz aufopferungsvoller Arbeit und dem Einsatz ihres Lebens nicht verhindern.

Bahnhofsmission

Im Zuge der Industrialisierung im letzten Jahrhundert siedelten vor allem auch junge Leute vom Land in die Großstädte über. Sie erhofften sich von neuen Arbeitsplätzen Geld, Freiheit und Glück.

Besonders junge Landmädchen waren aber in der fremden Umgebung meist unsicher und hilflos. Skrupellose Stellenvermittler und Vermieterinnen versuchten sie schon in den Bahnhöfen abzufangen, um ihr Vertrauen zu gewinnen und um sie dann brutal ausbeuten zu können.

Diese trostlose Situation junger Mädchen führte 1877 zur Gründung des „Vereins der Freundinnen junger Mädchen" durch 32 Frauen aus sieben Ländern. Der Verein vermittelte Arbeitsplätze und Wohnheime für Berufstätige, um die Schutzbedürftigen vor Abhängigkeit und Mißbrauch zu bewahren.

Pastor Johannes Burckhardt erkannte, daß die Hilfe bereits auf dem Bahnhof einsetzen müßte. So kam es 1895 zur Gründung der ersten Bahnhofsmission in Berlin. Trägervereine dieser Institution waren für die

Evangelische Deutsche Bahnhofsmission
der internationale Verein der Freundinnen junger Mädchen unter der Protektion der Kaiserin;

für die
Katholische Bahnhofsmission
der deutsche Nationalverband der katholischen Mädchenschutzvereine.

Neben diesen beiden Organisationen befaßte sich auch der jüdische Frauenbund mit den Aufgaben des Mädchenschutzes.

Im Jahr 1910 kommt es zur Gründung der Ulmer Bahnhofsmission. Die weitere Geschichte der Bahnhofsmission spiegelt das Zeitgeschehen wider.

Während des Ersten Weltkriegs arbeitet die Bahnhofsmission mit dem Roten Kreuz zusammen. Sie hilft bei der Verpflegung durchreisender Truppen, bei Verwundetentransporten, bei der Betreuung der Flüchtlinge und der Arbeiterinnen der Rüstungsindustrie.

Nach Kriegsende hilft die Bahnhofsmission beim ungeordneten Rücktransport von Kriegshelferinnen und Munitionsarbeiterinnen, kümmert sich um zurückkehrende Soldaten, Flüchtlinge und amnestierte Strafgefangene.

Nach dem Wiedereinsetzen der normalen Reisetätigkeit fallen der Bahnhofsmission nach und nach die alten Aufgaben wieder zu.

Inflation und zunehmende Arbeitslosigkeit führen zu einer innerdeutschen Wanderung stellungssuchender, mittelloser und obdachloser Menschen. Die Bahnhofsmissionen bemühen sich, aus diesem Wanderstrom obdachlose Mädchen, Frauen, Kranke und Gebrechliche herauszuziehen und in Zusammenarbeit mit anderen Organisationen unterzubringen.

1933 beginnt die Konfrontation mit der NS-Regierung, die den Bahnhofsmissionen ihre Selbständigkeit streitig macht.

1936 richtet die NS-Frauenschaft eigene Bahnhofsdienste ein.

Durch einen Erlaß des Reichsverkehrsministeriums vom 14. April 1939 muß auch die Ulmer Bahnhofsmission zugunsten der NS-Frauenschaft noch vor dem Krieg ihre Arbeit aufgeben.

Nach 1945 werden die meisten Bahnhöfe zu Brennpunkten der Not. In Ulm nimmt der Verein „Christliche Bahnhofshilfe" in einer Baracke auf dem Bahnhofsvorplatz seine Arbeit auf. Tausende erhalten dort den ersten „Schlag" Suppe und werden mit dem Notdürftigsten versorgt. Viele erschöpfte Menschen finden notdürftig Unterkunft.
Allmählich kommen organisierte Heimkehrertransporte, die gemeinsam mit dem Deutschen Roten Kreuz versorgt werden.
Die Reichsbahn in den westlichen Besatzungszonen unterstützt den Wiederaufbau der Bahnhofsmissionen.

Bahnhofsvorsteher von 1850-1945

1850 bis 1865	Bahnhofinspektor von Misani
1865 bis 1870	Bahnhofinspektor Bossert
1870 bis 1888	Finanzrat Brucklacker
1888 bis 1898	Finanzrat Krauß
1898 bis 1900	Finanzrat Hopf
1900 bis 1908	Bahnhofinspektor Schmollinger
1908 bis 1917	Bahnhofinspektor Grabherr
1917 bis 1921	Regierungsrat Kümmerlen
1921 bis 1929	Regierungsrat Gollmar
1929 bis 1940	Reichsbahnamtmann Schurr
1940 bis 1943	Reichsbahnamtmann Mayer
1943 bis 1945	Reichsbahnamtmann Ostertag

Zeittafel

1835 Am 21. Dezember Gründung der Ulmer Eisenbahngesellschaft.

1836 Am 15. Mai Gründung der Württembergischen Eisenbahngesellschaft.

1838 Am 31. Mai geht die Württembergische Eisenbahngesellschaft in Liquidation.

1839 werden die ersten Projektstudien über den Eisenbahnbau in Württemberg der Abgeordnetenkammer vorgelegt.

1840 konstituiert sich in Isny im Allgäu eine Verkehrsgesellschaft mit dem Ziel des Baus einer Pferdeeisenbahn von Ulm über Leutkirch–Isny–Wangen an den Bodensee.

1841 beträgt die Schienenlänge des deutschen Eisenbahnnetzes 627 km, in Belgien sind es 378 km, in Frankreich 369 km.

1843 Am 18. April wird das erste württembergische Eisenbahngesetz verabschiedet.

1844 Am 19. November ersucht der Ulmer Stadtrat mit einer Eingabe an den König „um unverweilten Angriff des Baues der württembergischen Eisenbahnen".

1845 Am 20. Oktober Eröffnung der ersten württembergischen Eisenbahnlinie von Cannstatt nach Untertürkheim. Der Wagenpark umfaßt neun Personen- und neun Güter- und Gepäckwagen.

1846 Im September erscheint die erste Signalordnung mit 21 Signalformen.

1847 Am 4. Oktober stimmt der Stadtrat über den Standort des Bahnhofs Ulm ab.

1848 Im August wird mit den Erd- und Fundamentarbeiten für den Bahnhof Ulm begonnen.

1849 Im März beginnen die Arbeiten für die Hochbauten der Bahnhofsanlage.

1850 Am 1. Juni Eröffnung der Bahnlinie Biberach–Ulm.
Am 29. Juni Eröffnung der Bahnlinie Geislingen–Ulm.
Für die nun etwa 200 km lange Strecke von Stuttgart über Ulm nach Friedrichshafen braucht man 7 3/4 Stunden.

1851 Im März erhebt die Festungsbehörde Einspruch gegen den Bau einer massiven Eisenbahnbrücke über die Donau.

1852 beginnen die Arbeiten für die Eisenbahnbrücke über die Donau.

1853 Am 26. September trifft der erste Zug aus Richtung Augsburg im Bahnhof Neu Ulm ein.

1854	Am 1. Mai Eröffnung der Eisenbahnbrücke über die Donau. Zwischen Ulm und München verkehren nun in jeder Richtung vier Züge.
1855	erfolgt erstmals eine Trennung nach Sommer- und Winterfahrplan. Die Personenwagen der ersten und zweiten Wagenklasse werden erstmals mit Holz und Koksfeuerung beheizt.
1856	kommen von der Bahnstation Ulm 2 296 500 Bretter und 7039 Langholzstämme in 9706 Wagen (dem dreifachen Bestand gegenüber 1851) zum Versand.
1857	Am 14. Mai Eröffnung des Gasthofes „Zum Russischen Hof" am Bahnhofsvorplatz.
1858	Im April werden die Arbeiten für das zweite Gleis Ulm–Beimerstetten ausgeschrieben.
1860	Im Sommerfahrplan verkehrt der erste Nachtschnellzug durch Ulm.
1861	erscheinen die ersten Bildfahrpläne für den Dienstgebrauch.
1862	Am 12. Oktober Eröffnung der Bahnlinie Kempten–Ulm. Der zweigleisige Ausbau Stuttgart–Ulm ist abgeschlossen.
1863	wird die Karlstraße als Verbindung vom Stuttgarter zum Blaubeurer Tor angelegt.
1864	wird die Königlich Württembergische Staatseisenbahn dem Departement für auswärtige Angelegenheiten unterstellt.
1865	Durchgehende Besetzung des Fahrdienstleiterdienstes in Ulm. Aufnahme der Nachtverbindung Wien–Paris.
1867	Am 25. März erster Spatenstich für den Bau der Eisenbahnlinie nach Blaubeuren mit dem Durchbruch durch den Festungswall am Fuß des Kienlesbergs. Der Wagenpark der Königlich Württembergischen Staatseisenbahn umfaßt 164 Lokomotiven, 337 Personenwagen, 50 Pack- und 2 232 Güterwagen.
1868	Am 2. August Eröffnung der Bahnlinie Ulm–Blaubeuren.
1869	Am 13. Juni Eröffnung der Bahnlinie Blaubeuren–Ehingen. Am 15. Juni Eröffnung der Bahnlinie Riedlingen–Mengen.
1870	Am 15. Juni wird die Strecke Ehingen–Riedlingen eröffnet und damit eine durchgehende Verbindung von Ulm nach Mengen hergestellt. Im Herbst schließt die Eisenbahnverwaltung den Übergang Karlstraße.

1871	werden die Personenwagen der Königlich Württembergischen Staatseisenbahn mittels Dampfheizung erwärmt.
1872	umfaßt der Wagenpark der Königlich Württembergischen Staatseisenbahn 564 Personenwagen, 138 Post- und Gepäckwagen sowie 3743 Güterwagen.
1873	werden auf stark befahrenen Strecken zur rascheren Zugfolge Blockstellen eingerichtet.
1874	verkehren nach Stuttgart sechs Züge, von Stuttgart sieben Züge; nach und von Friedrichshafen je 5 Züge; nach und von Blaubeuren je 5 Züge; nach und von Augsburg je 6 Züge; nach und von Kempten je 4 Züge.
1875	Am 25. Juni Eröffnung der Bahnlinie Heidenheim–Niederstotzingen. Im Juli beginnen die Arbeiten für den Fußgängersteg über den Bahnhof beim Russischen Hof.
1876	Am 5. Januar Eröffnung der Bahnlinie Langenau–Ulm.
1877	Am 24. Januar Fertigstellung des Fußgängerstegs über den Bahnhof. Im August wird die Blaubeurer-Tor-Brücke dem Verkehr übergeben.
1878	Am 15. September Eröffnung der Bahnlinie Senden–Weißenhorn.
1879	Am 14. November erscheint die erste Fahrdienstvorschrift. Die Bestimmungen für die Handhabung des Betriebs waren bis zu diesem Zeitpunkt in den Signalvorschriften enthalten.
1882	werden erstmals Wochenkarten ausgegeben.
1883	Am 5. Juni um 11.35 Uhr trifft der erste Blitzzug Paris–Konstantinopel im Ulmer Bahnhof ein. Der Zug war um 19.36 Uhr am Vortag in Paris abgegangen. Die Gesamtfahrzeit betrug 78 Stunden. Der Zug, der zweimal in der Woche verkehrte und Ulm mittwochs und samstags berührte, ging bis nach Varna, von dort wurde die Verbindung nach Konstantinopel mit dem Schiff hergestellt.
1885	werden erstmals Arbeiterwochenkarten ausgegeben.
1886	Am 20. September wird der Haltepunkt Ulm Ost eröffnet, der damals noch „Ulm Stuttgarter Tor" hieß.
1888	Bau der Abstellgruppe Ostbahnhof. Die Veitsbrunnenbrücke wird dem Verkehr übergeben.

1889	Am 26. März erstrahlen die Bahnhofsanlagen zum erstenmal im Licht der elektrischen Beleuchtung.
1890	Im März wird der Fußgängersteg an der Signalanlage am Bahnübergang Mohrenkopf freigegeben.
1891	Bau der Bahnsteigunterführung.
1892	Im März wird auf der Strecke Augsburg–Ulm das zweite Gleis in Betrieb genommen.
1893	Am 1. Oktober werden Bahnsteigkarten für das Betreten der Bahnsteige eingeführt.
1894	Am 1. April besteht der Wagenpark der Königlich Württembergischen Staatseisenbahn aus 1122 Personenwagen, 6440 Güterwagen und 326 Post- und Gepäckwagen.
1897	Am 15. Mai verkehren die ersten Straßenbahnen auf einer vom Bahnhof über Olga- und Frauenstraße, Münsterplatz und Hirschstraße und zurück zum Bahnhof führenden Ringlinie und auf einer weiteren Linie zwischen dem Ulmer und dem Neu-Ulmer Bahnhof.
1898	Im September wird der Schalenbrunnen auf dem Bahnhofsvorplatz eingeweiht.
1899	gehen 67259 qm Grund aus dem Reichseigentum des Festungsgeländes für 617020 Mark an die Eisenbahnverwaltung über.
1900	wird die Stadt Ulm Eigentümerin der Stadtumwallung.
1901	Am 1. August wird die Bahnlinie Schelklingen–Münsingen eröffnet; damit war eine durchgehende Verbindung nach Münsingen hergestellt. Am 20. Oktober Eröffnung der Bahnlinie Amstetten–Laichingen.
1902	Im Oktober wird die Eisenbahnverwaltung ermächtigt, das für die Erweiterung des Bahnhofs erforderliche Grundeigentum im Wege der Zwangsenteignung zu erwerben.
1903	Am 4. Juni wird der Lokalzughaltepunkt Grimmelfingen eingerichtet. Im September wird am Gleis 6 ein provisorischer Bahnsteig aufgeschüttet.
1904	Am 17. Juni Eröffnung der Bahnlinie Laupheim–Schwendi. Am 1. Oktober wird die Zinglerbrücke dem Verkehr übergeben.
1905	Am 15. Dezember Eröffnung des Lokalzughaltepunktes Klingenstein.

1906	Einführung der 4. Wagenklasse. Am 1. Juli Eröffnung der Bahnlinie Amstetten–Gerstetten. Im Oktober Aufnahme des Teilbetriebes im neuen Rangierbahnhof.
1907	Am 28. April Eröffnung des neuen Bahnhofs Ulm-Söflingen rechts der Bahnlinie Ulm–Blaubeuren.
1908	Am 7. Januar wird der erste Fahrkartenautomat in der Bahnhofsvorhalle aufgestellt; Ausgabe von Fahrkarten nach Ehrenstein, Klingenstein, Grimmelfingen und Thalfingen für 15 Pfennig.
1909	wird der Syrlinsteg als weitere Verbindung zum Michelsberg eröffnet.
1910	Am 1. September Eröffnung des Haltepunkts Gerhausen.
1911	Am 1. Mai Eröffnung der Bahnlinie Sontheim–Gundelfingen. Am 12. Juni werden die Arbeiten für den neuen Rangierbahnhof Ulm abgeschlossen.
1912	Am 9. August Sprengung der Festungsmauern an der Friedrichshafener Linie.
1913	wird die Fußgängerunterführung am Mohrenkopf fertiggestellt.
1914	sind im Königreich Württemberg 23 000 Eisenbahner eingesetzt, eine Verdoppelung gegenüber 1891. Die Anzahl der Reisenden stieg in diesem Zeitpunkt um 334 Prozent, die Zahl der gefahrenen Züge um 241 Prozent und das Güterverkehrsaufkommen um 167 Prozent. Der Bahnbau in Württemberg ist abgeschlossen; bei 2 256 km Betriebslänge sind 588 km zweigleisig ausgeführt.
1920	Am 1. April geht die Königlich Württembergische Staatseisenbahn zusammen mit den übrigen Landeseisenbahnen in die Deutsche Reichsbahn-Gesellschaft über.
1922	werden Schlafwagen 3. Klasse eingeführt.
1926	Das erste Zugtelefon gibt es auf der Strecke Berlin–Hamburg.
1927	wird die 4. Wagenklasse wieder abgeschafft.
1928	umfaßt das Gesamtnetz der Reichsbahn-Gesellschaft 53 604 km.
1930	Im Juli ist der schnellste Zug in Württemberg der D 208, der die 104 km lange Strecke Ulm–Friedrichshafen in 78 Minuten zurücklegt.

1931	beginnen die Elektrifizierungsarbeiten in Ulm; die wöchentliche Arbeitszeit beträgt vom 1. April an 54 Stunden.
1932	Im Juni wird die alte Blaubeurer-Tor-Brücke von 1877 abgebrochen.
1933	Im Mai sind die Elektrifizierungsarbeiten in Ulm abgeschlossen. Vom 7. April an sind Beamte, die nicht arischer Abstammung sind, auf Grund des Reichsgesetzes zur Wiederherstellung des Berufsbeamtentums in den Ruhestand zu versetzen. Am 1. September wird eine neue Fahrdienstvorschrift eingeführt.
1935	Vom 1. April an gilt die neue Eisenbahnsignalordnung.
1937	wird mit dem zweigleisigen Ausbau der Strecke Ulm–Herrlingen begonnen. Mit Gesetz vom 12. Februar führt die Deutsche Reichsbahn-Gesellschaft den Namen Deutsche Reichsbahn.
1938	haben die Reichsbahnbeamten nach der „Allgemeinen Dienstanweisung" vom 1. April an in und außer Dienst mit dem Deutschen Gruß zu grüßen.
1939	wird die Abstellgruppe des Rangierbahnhofs gebaut.
1942	Höchstbestand von 33 982 Dampflokomotiven im Bereich der Deutschen Reichsbahn.
1945	Am 23. April verließen die Ulmer Eisenbahner ihren Bahnhof und setzten sich befehlsgemäß nach Laupheim ab. Am 25. April rückten die amerikanischen Truppen ein. Für Ulm war der Krieg zu Ende.

Literatur und Quellen

Dehlinger, Alfred: Württembergs Staatswesen. Stuttgart 1951.
Etzel, Karl: Über die Notwendigkeit und Ausführbarkeit einer Eisenbahn durch Württemberg.
Eychmüller, Friedrich: Grundstücksmarkt und städtische Bodenpolitik in Ulm von 1870 bis 1910.
Häcker, Otto: Ulm, die Donau- und Münsterstadt im Lichte der Vergangenheit. Stuttgart 1940.
Jacob, Oskar: Die Königlich Württembergischen Staatseisenbahnen. Tübingen 1895.
Löffler: Geschichte der Festung Ulm. 1883.
Mühl-Seidel: Die Württembergischen Staatseisenbahnen. Aalen 1970.
Schäuffelen, Otmar: Die Bundesfestung Ulm und ihre Geschichte. Ulm 1980.
Setzensack, Sebastian: Die Entwicklung der Eisenbahn.
Supper: Die Entwicklung des Eisenbahnwesens im Königreich Württemberg. Stuttgart 1895.
Specker, Hans Eugen: Ulmer Stadtgeschichte. Ulm 1977.
Wagner, Heinrich: Die wirtschaftlichen Verhältnisse der Stadt Ulm im 19. Jahrhundert.

Hauptstaatsarchiv Stuttgart.
Schwäbischer Merkur.
Stadtarchiv Ulm.
Stuttgarter Morgenblatt.
Stuttgarter Zeitung.
Ulmer Bilder-Chronik Band 1 bis 4.
Donau-Zeitung Ulm.
Ulmer Schnellpost.
Ulmer Intelligenzblatt.
Ulmer Zeitung.
Ulmer Landbote.
Ulmer Tagblatt.
Borst, Otto: Die Verkehrsentwicklung der Stadt Ulm.
Höhn, Karl: Ulmer Bilderchronik. Ulm 1929.
Kitter, Eberhard: Die Eisenbahnempfangsgebäude im Königreich Württemberg. Dissertation. Stuttgart 1973.
Morlock, Georg: Die Königlich Württembergischen Staatseisenbahnen. Stuttgart/Wien 1890.

Bildnachweis

Stadtarchiv Ulm   Seite 27, 31, 32, 33, 42, 44, 49, 51, 53, 55, 60, 61, 65, 66, 67, 72, 80, 83, 84, 85, 87, 90, 91, 93, 99, 104.
Hartmut Frey, Ulm   Seite 56, 78, 81.
Rossberg, Geschichte der Eisenbahn   Seite 8, 13, 14, 45.
Für die übrigen Abbildungen sind die Rechte beim Autor.